# 生理前モンスターだった私が産婦人科医に聞く PMS・PMDD攻略法

著者 なおたろー
監修 高橋怜奈

プロローグ

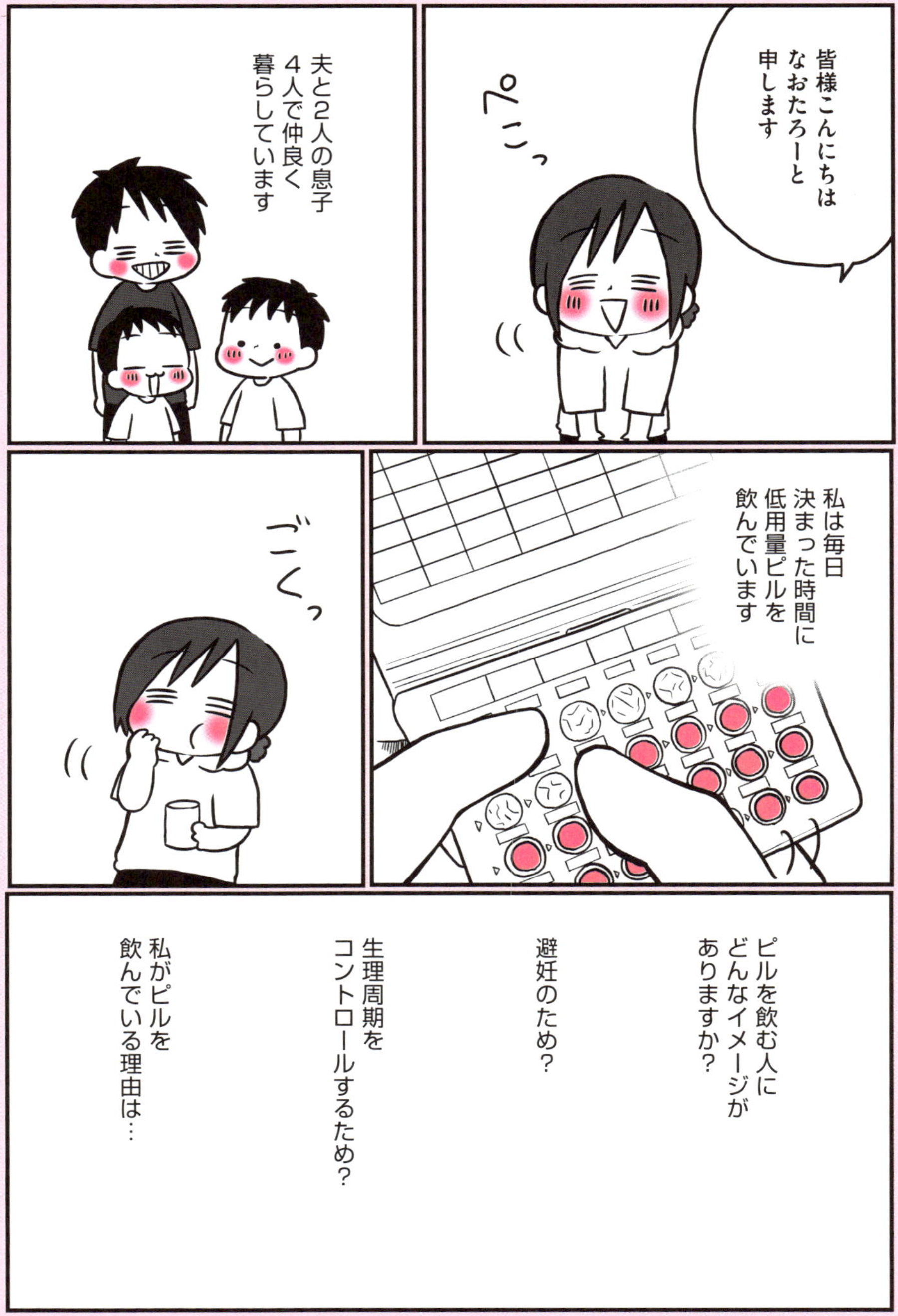
皆様こんにちは なおたろーと 申します
ぺこっ
夫と2人の息子 4人で仲良く 暮らしています
私は毎日 決まった時間に 低用量ピルを 飲んでいます
ごくっ
ピルを飲む人に どんなイメージが ありますか？
避妊のため？
生理周期を コントロールするため？
私がピルを 飲んでいる理由は…

生理によって
うつになる自分を
抑えるため
う…
うう…
悲しい
怖い
ムカつく
つらい
消えたい
ピルを飲む前は
感情を
コントロールできず
精神的につらい
日々を送っていた

私って
うつ病か何か
なのかな…？
そう思うことも
あったけど
普通に過ごせる
時期もあるので
普段は
明るくて
ノーテンキ
本当にうつの人なら
もっとつらいだろうし
私は違うっしょ
ちょっとメンヘラに
なってただけかも
公園
行くぞー
わーい
自分はこういう性格
なんだと思っていた
しかし感情を
コントロール
できない時は…

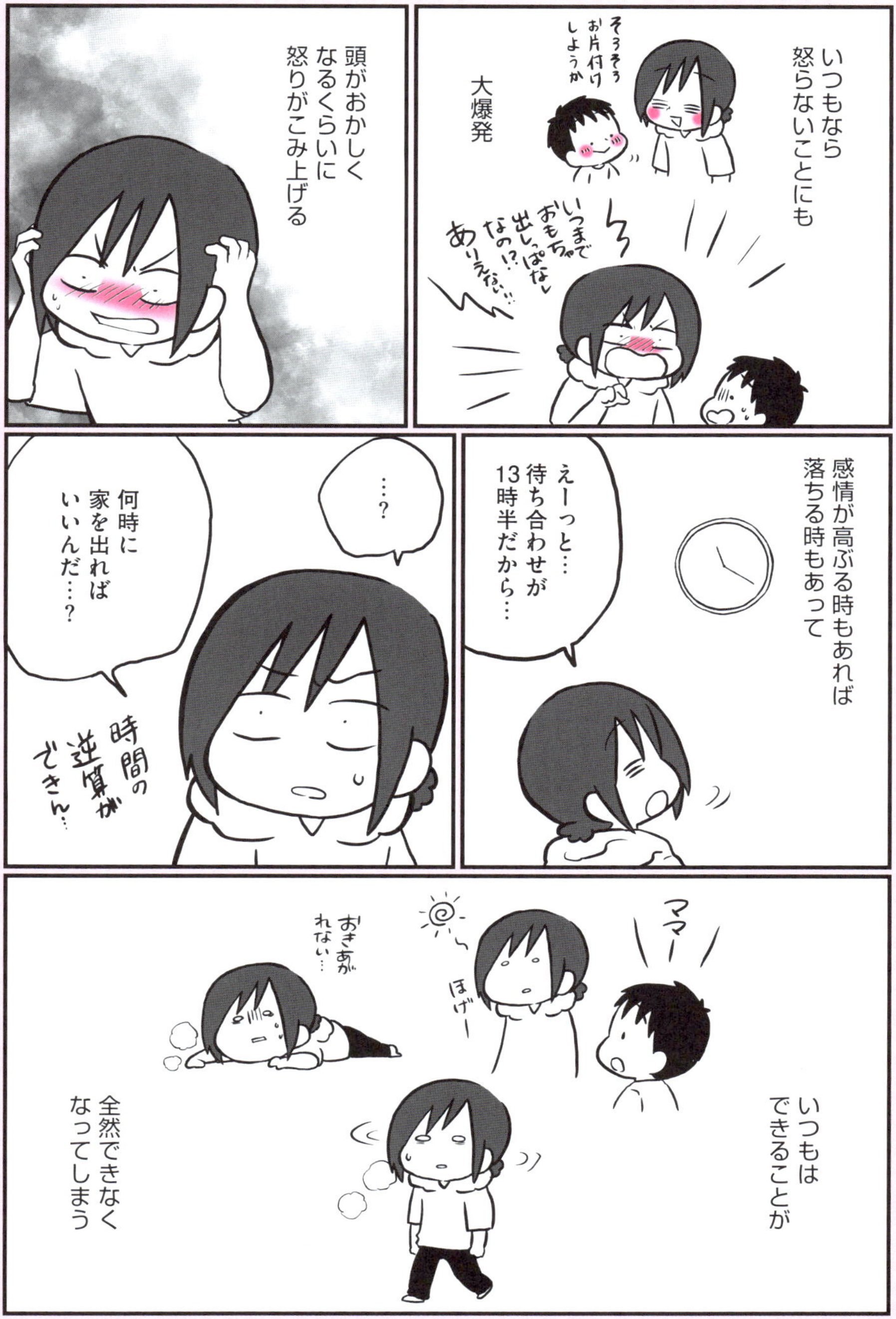
いつもなら
怒らないことにも
そろそろお片付けしようか
大爆発
いつまでおもちゃ出しっぱなしなの!?
ありえない…!!
頭がおかしくなるくらいに怒りがこみ上げる
感情が高ぶる時もあれば
落ちる時もあって
えーっと…待ち合わせが13時半だから…
…?
何時に家を出ればいいんだ…?
時間の逆算ができん…
いつもはできることが
ママー
ほげー
おきあがれない…
全然できなくなってしまう

ある日 そんな
長年の謎が――
生理前のイライラや気分の落ち込み…
ようやく判明する
そんなときは生薬《しょうやく》の力で…
へー 生理前のイライラに効く薬があるんだー
急に涙が出たり怒りだしたり…
ははは 先週の私みたーい
…あれ？
もしかして…
私はその後排卵日を調べ2ヶ月分の体調記録をつけてみた
やっぱ生理前にめっちゃ症状出てるやんけー！
ショー
ゲキィイイィ
手帳

そんでもって
生理が始まったら
また元気に戻るって…
もうこれ
完全にそれやん…
完全にやん…!
これって 病名とか
あるんかなぁ?
あぁあった!
PMS(月経前症候群)
PMDD(月経前不快気分障害)
生理前に不調が
現れるPMSと
精神的症状が
強く見られる
PMDD…?
PMS・PMDDは
ホルモンの変動に
よって症状が出る…
それは自力で
コントロールできる
ものではなく
日常生活に
支障をきたす場合
治療も可能…
これだ…
私…
PMDD
だったんだ…
ガタッ

私てっきり…自分がダメな人間だからいけないんだと思ってた…
生理が原因だなんて思ってもみなかった…
ホルモンのせいであって
私のせいじゃなかったんだ…
よかった…

…というのが私がＰＭＤＤに気づくまでの簡単な経緯でした
そんなこともあったねー
でもいざ病院に行こうと思っても
病院に行くほどのことなのかなって不安になったんだよね…
婦人科
ハードル
婦人科ってハードル高い…
ど———ん
当時よりＰＭＳやＰＭＤＤの名前は広まっているけど
自分の身体のこと全然知らなかったり
何をどうすればいいかわかんない人多いと思うんだよね
というわけで
ゴソゴソ
どっか行くの？
この1冊でわからんことがなくなるように
産婦人科のお医者さんにいろいろ聞いてくるわ！

# CONTENTS

STAFF

ブックデザイン
坂野弘美

DTP
株式会社
サンシン企画

校 正
川平いつ子

編集担当
藤原優香

編集長
斎数賢一郎

PMS・PMDD

## 【はじめに】

2015年秋、私は自分のメンタル不調が
生理前に起こるということがわかりました。
当時、PMSに関する情報はある程度ありましたが、
PMDDについてはネット上にもほとんど情報がなく、
何をどうすればいいのやら…と頭をかかえていました。
そこで「私の体験談をネットにアップすれば、
困っている人の参考になるのでは!?」と考え、
ブログでPMDD体験談の漫画を連載しました。
次第に「PMS・PMDDに関する本を作りたい」
という夢ができるようになるのですが、
私の漫画的な実力不足や知識不足もあり…
なんと4年もかかってしまいました…（汗）
が、しかし！ 産婦人科医の高橋先生のご協力もあり、
かなりの自信作です！
PMS・PMDD当事者の方も、そうでない方も、
若い学生さんでも読みやすい内容になっておりますので、
楽しんでいただけたらと思います～！

第1話

# そもそもPMS・PMDDってなに?

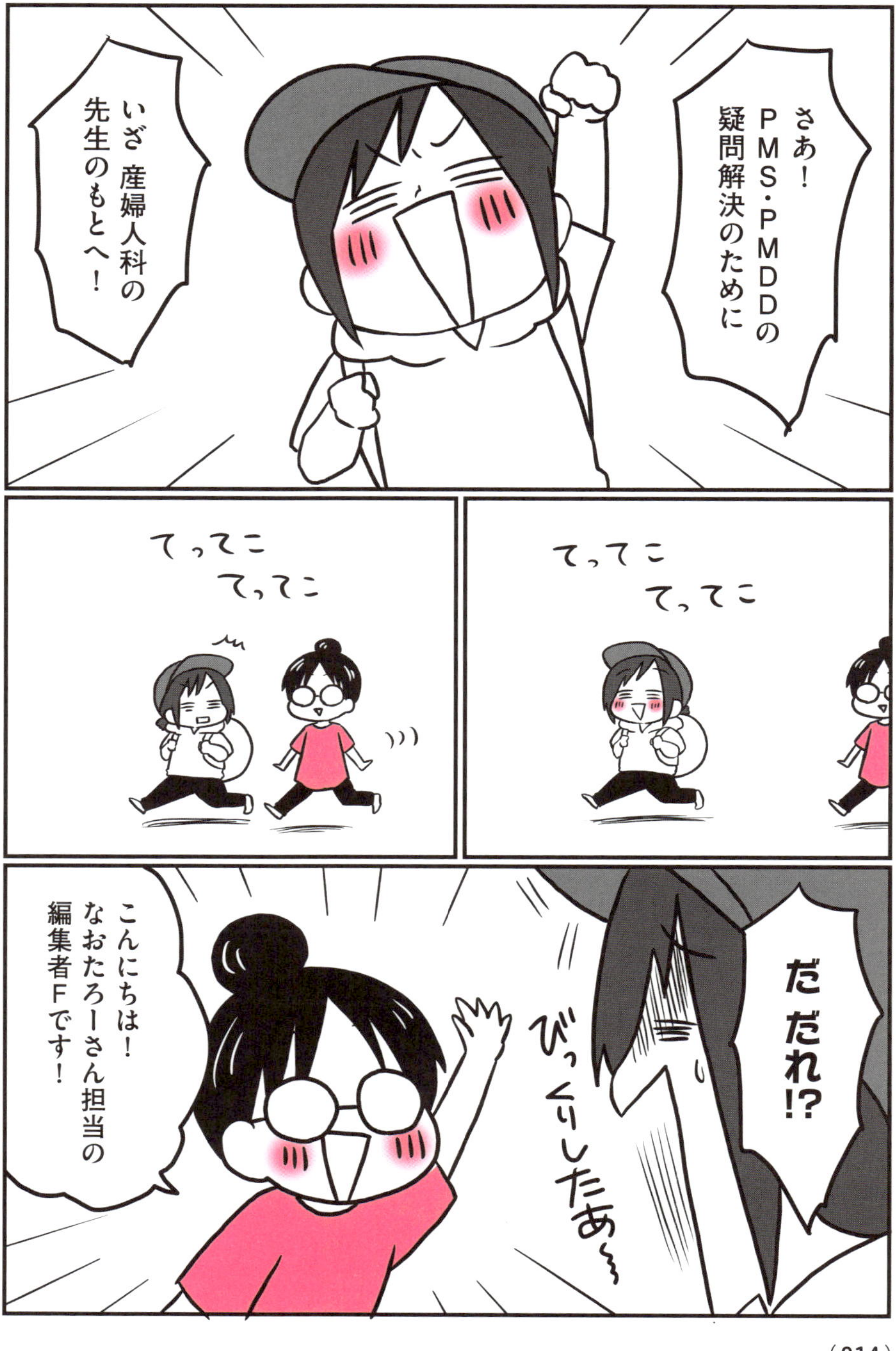

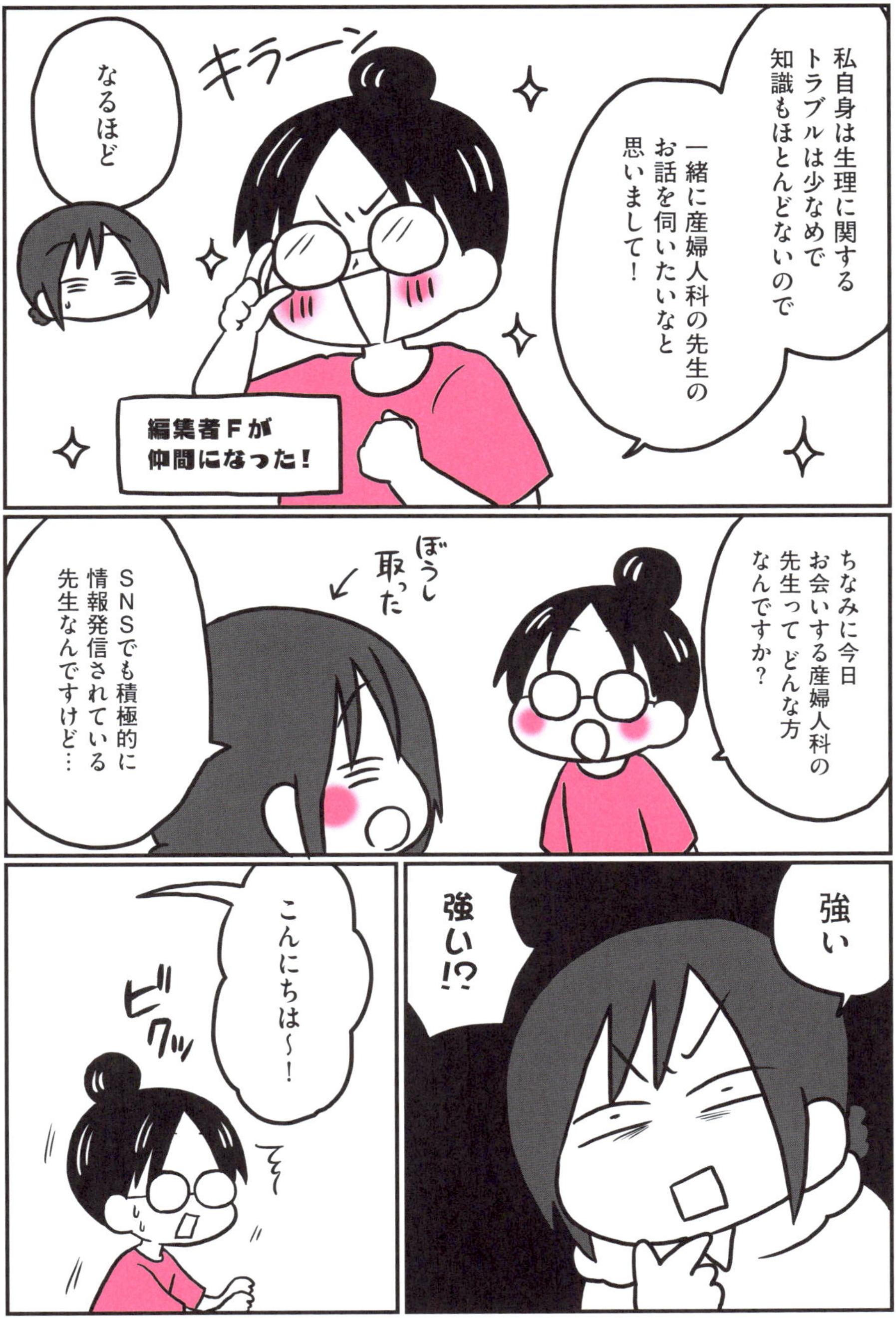
私自身は生理に関するトラブルは少なめで知識もほとんどないので
一緒に産婦人科の先生のお話を伺いたいなと思いまして！
キラーン
なるほど
編集者Fが仲間になった！
ちなみに今日お会いする産婦人科の先生ってどんな方なんですか？
ぼうし取った
SNSでも積極的に情報発信されている先生なんですけど…
強い
強い!?
こんにちは〜！
ビクッ

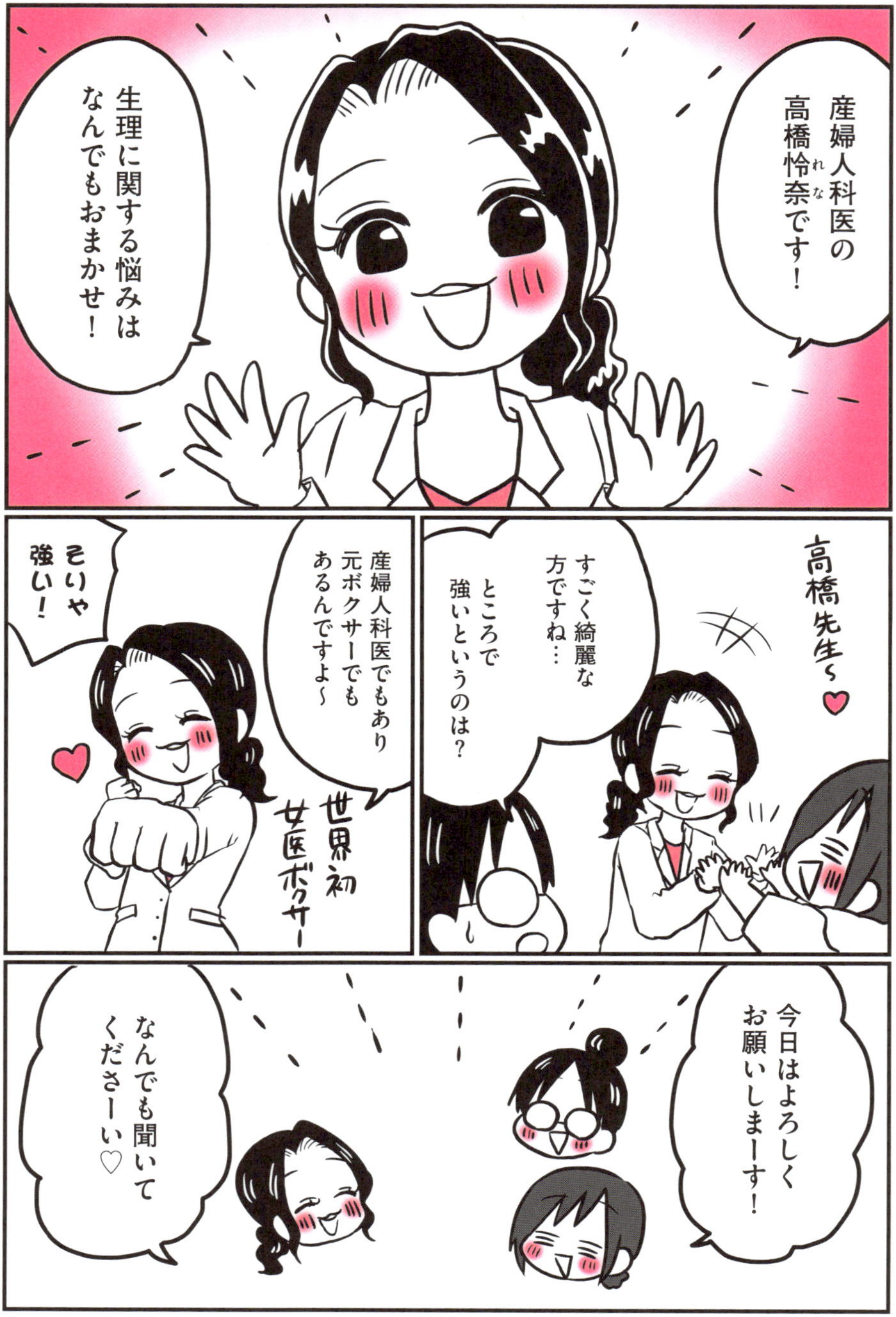
産婦人科医の高橋怜奈《れな》です！
生理に関する悩みはなんでもおまかせ！
高橋先生〜♥
すごく綺麗な方ですね…ところで強いというのは？
産婦人科医でもあり元ボクサーでもあるんですよ〜
世界初女医ボクサー
そりゃ強い！
今日はよろしくお願いしまーす！
なんでも聞いてくださーい♡

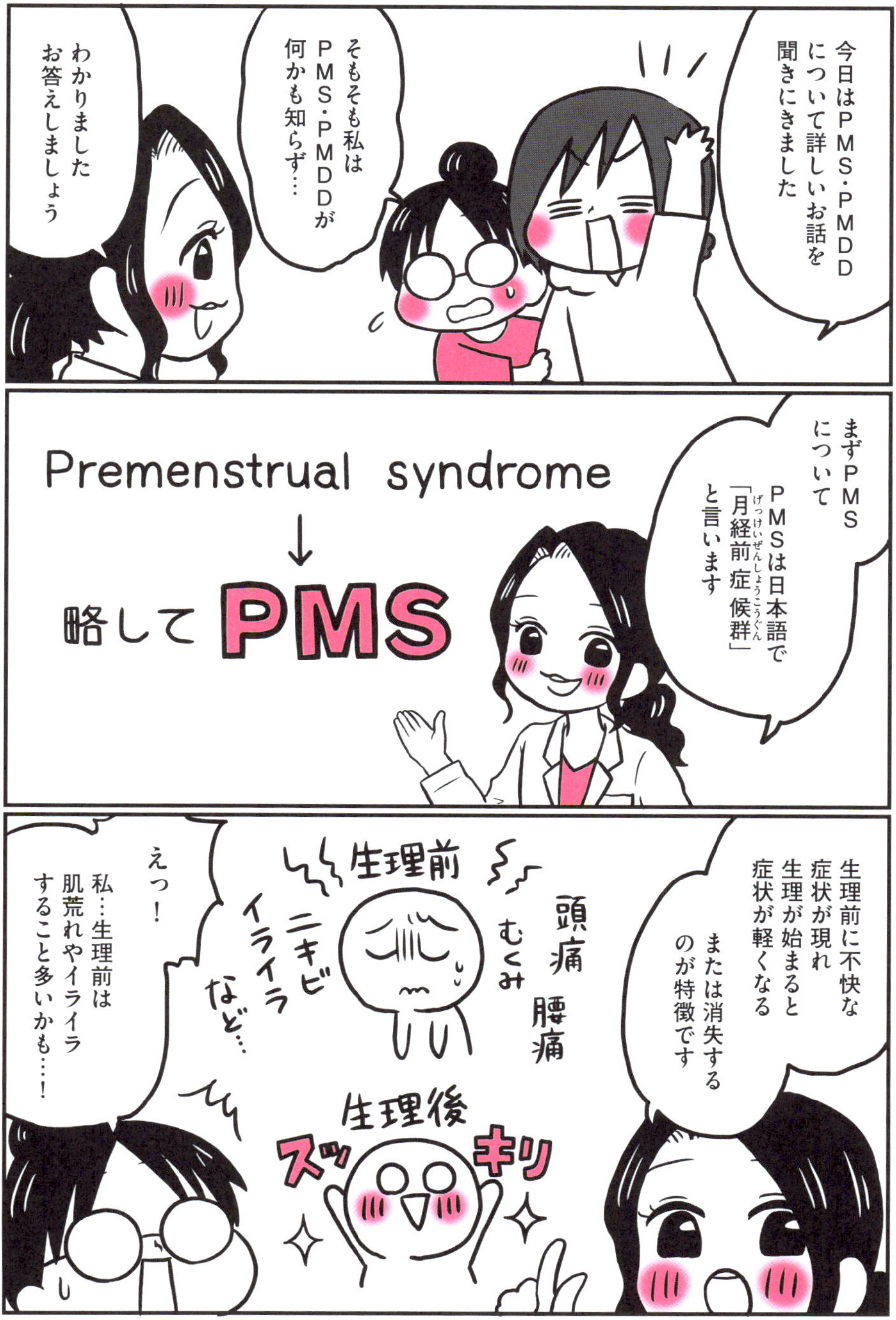
今日はPMS・PMDDについて詳しいお話を聞きにきました
そもそも私はPMS・PMDDが何かも知らず…
わかりましたお答えしましょう
まずPMSについて
PMSは日本語で「月経前症候群《げっけいぜんしょうこうぐん》」と言います
Premenstrual syndrome
↓
略してPMS
生理前に不快な症状が現れ生理が始まると症状が軽くなるまたは消失するのが特徴です
生理前
頭痛
むくみ
ニキビ
イライラ
腰痛
など…
生理後
スッキリ
えっ!
私…生理前は肌荒れやイライラすること多いかも…!

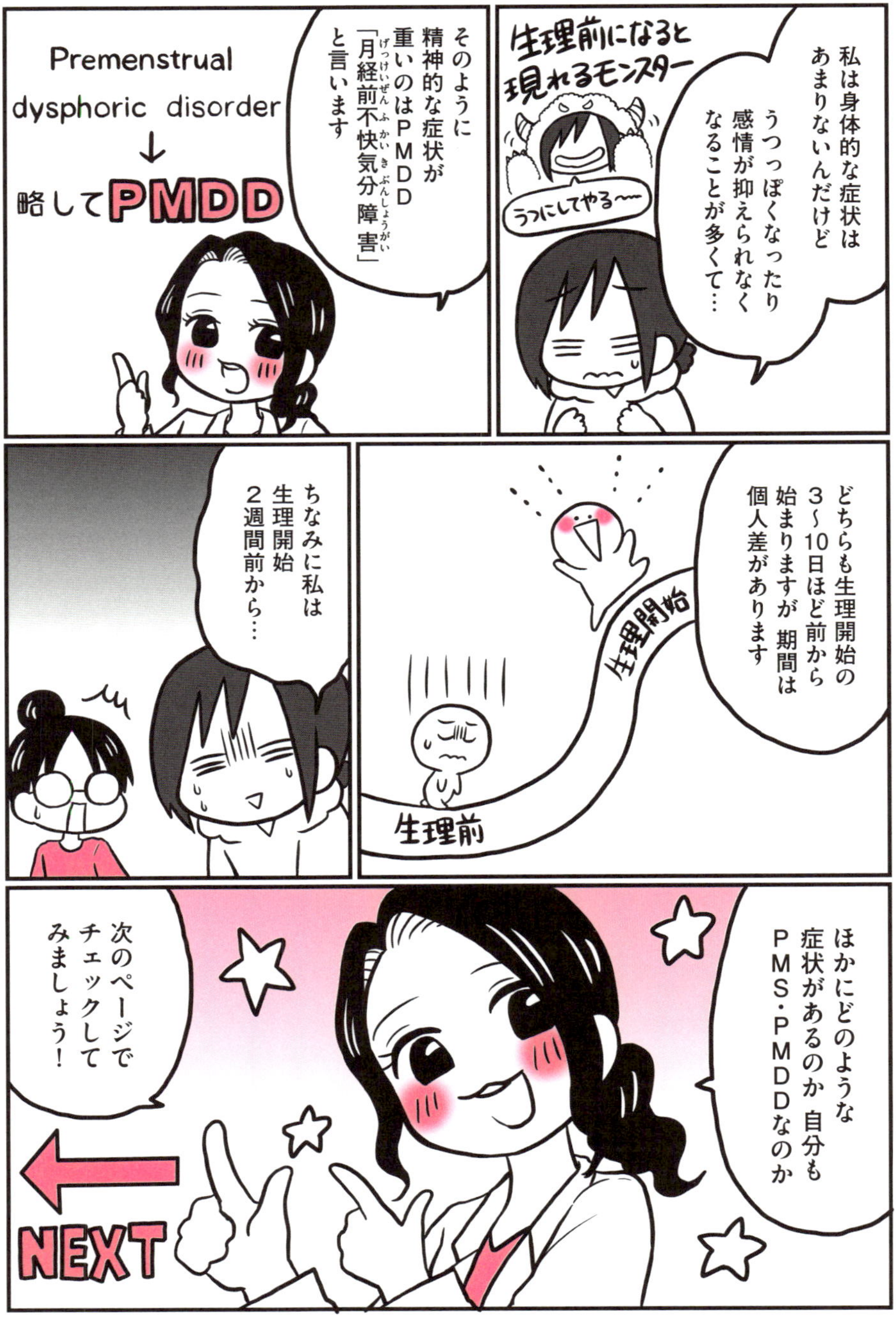
私は身体的な症状は
あまりないんだけど
うつっぽくなったり
感情が抑えられなく
なることが多くて…
生理前になると
現れるモンスター
うつにしてやる〜〜
そのように
精神的な症状が
重いのはＰＭＤＤ
「月経《げっけい》前《ぜん》不《ふ》快《かい》気《き》分《ぶん》障《しょう》害《がい》」
と言います
Premenstrual
dysphoric disorder
↓
略してPMDD
どちらも生理開始の
3〜10日ほど前から
始まりますが 期間は
個人差があります
生理開始
生理前
ちなみに私は
生理開始
2週間前から…
ほかにどのような
症状があるのか 自分も
ＰＭＳ・ＰＭＤＤなのか
次のページで
チェックして
みましょう！
NEXT

## あなたももしかして…PMS・PMDD!?

# セルフチェックリスト

**精神的症状**

- ☐ 情緒不安定
- ☐ イライラ
- ☐ 抑うつ
- ☐ 不安
- ☐ 眠気
- ☐ 集中力の低下
- ☐ 睡眠障害

**自律神経症状**

- ☐ 食欲不振・過食
- ☐ めまい
- ☐ 倦怠感

**身体的症状**

- ☐ 腹痛
- ☐ 頭痛
- ☐ 腰痛
- ☐ むくみ
- ☐ お腹の張り
- ☐ 乳房の張り

いろんな症状がありますね〜
私もいくつか当てはまるものあるなぁ…
これ いくつ当てはまればPMS・PMDDと言えるんですか?
?
んー…
特にいくつとかはないかなぁ
えっ
症状があっても比較的軽い人もいるし程度は人それぞれなんですよ
症状は軽いけど いくつも当てはまる人もいるし
イライラ
食欲
むくみ
ニキビ
当てはまるのは少ないけど症状が重い人もいる
感情がめっちゃ不安定!!

月経のある女性の約70~80%はPMSの症状があると言われています
10人中 7~8人がPMS
そんなに!?
PMDDに該当する割合は1.8~5.8%と言われているけど
私以外にもいる…?
PMDD自体が最近出てきた言葉だから知らない人が多いという意味で実際はもう少し多いのかも
私も今思えば中学生のころには症状があったんですよねぇ…
でも当時は生理が原因だとは思わず…
PMS・PMDDのことを知ったのは23歳の時でした

もっと早く知っていれば学生生活や社会人生活違っていただろうなぁ…
はー…
日常生活で同じように困っている人って実は結構いるんですよ
仕事や勉強 部活など生理前の症状のせいでいつも通りの力が発揮できなければ治療やセルフケアで良い効果があると思います
すっ
なので先ほどチェックリストを出しましたが…
セルフチェックリスト
チェックがいくつあったかは関係なく自分がその症状で困っているかどうか！
これがPMS・PMDDの判断基準です！

生理は病気じゃないんだから
みんな同じなんだから
生理を理由にするのは甘えだとかそういうことを言う人もいるけど
めっちゃ個人差あるから！
自分のメンタルが弱いせいだ…
こんなことで病院に行くなんて許されない…
そう思ってなかなか治療や通院に踏み出せない人もいるけど…
努力や気力で女性ホルモンはコントロールできない！
もっと自分をいたわってあげていいんです！
どんっ

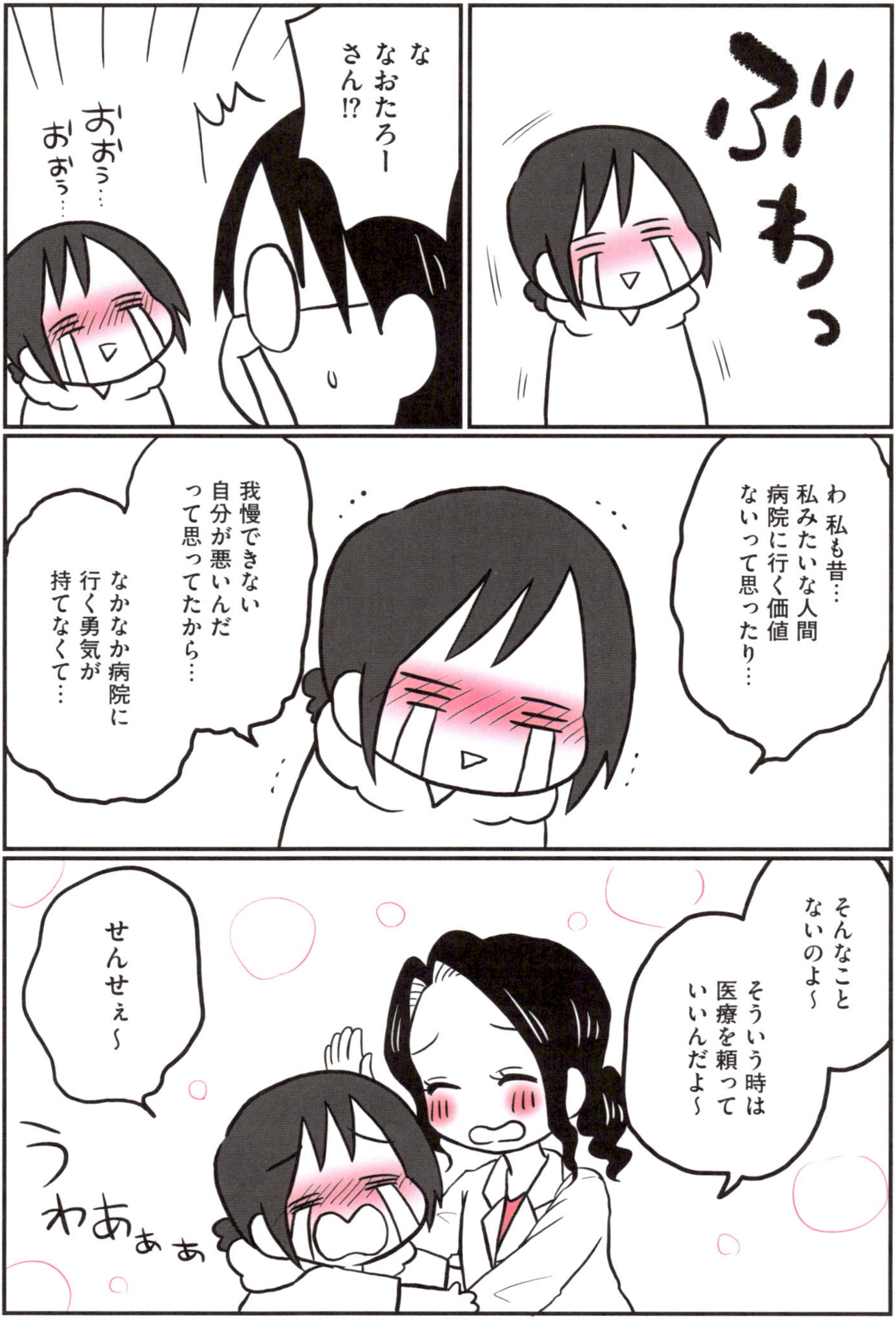
ぶわっ
な
なおたろー
さん!?
おおぅ…
おぉぅ…
わ私も昔…
私みたいな人間
病院に行く価値
ないって思ったり…
我慢できない
自分が悪いんだ
って思ってたから…
なかなか病院に
行く勇気が
持てなくて…
そんなこと
ないのよ～
そういう時は
医療を頼って
いいんだよ～
せんせぇ～
うわあぁぁ

あの〜…… 超初歩的な質問なんですが…
ううう…
そもそも生理はいつもきているのに生理の仕組みってよくわからないんですよね
?
だからPMSやPMDDがどうして起こるのかもわからないし…
それでは生理がくるまで身体の中ではどんな変化が起きているのか
PMSとPMDDはどういう仕組みで起こるのかを説明していきますね！

第2話

# どうしてPMS・PMDDが起こるの?

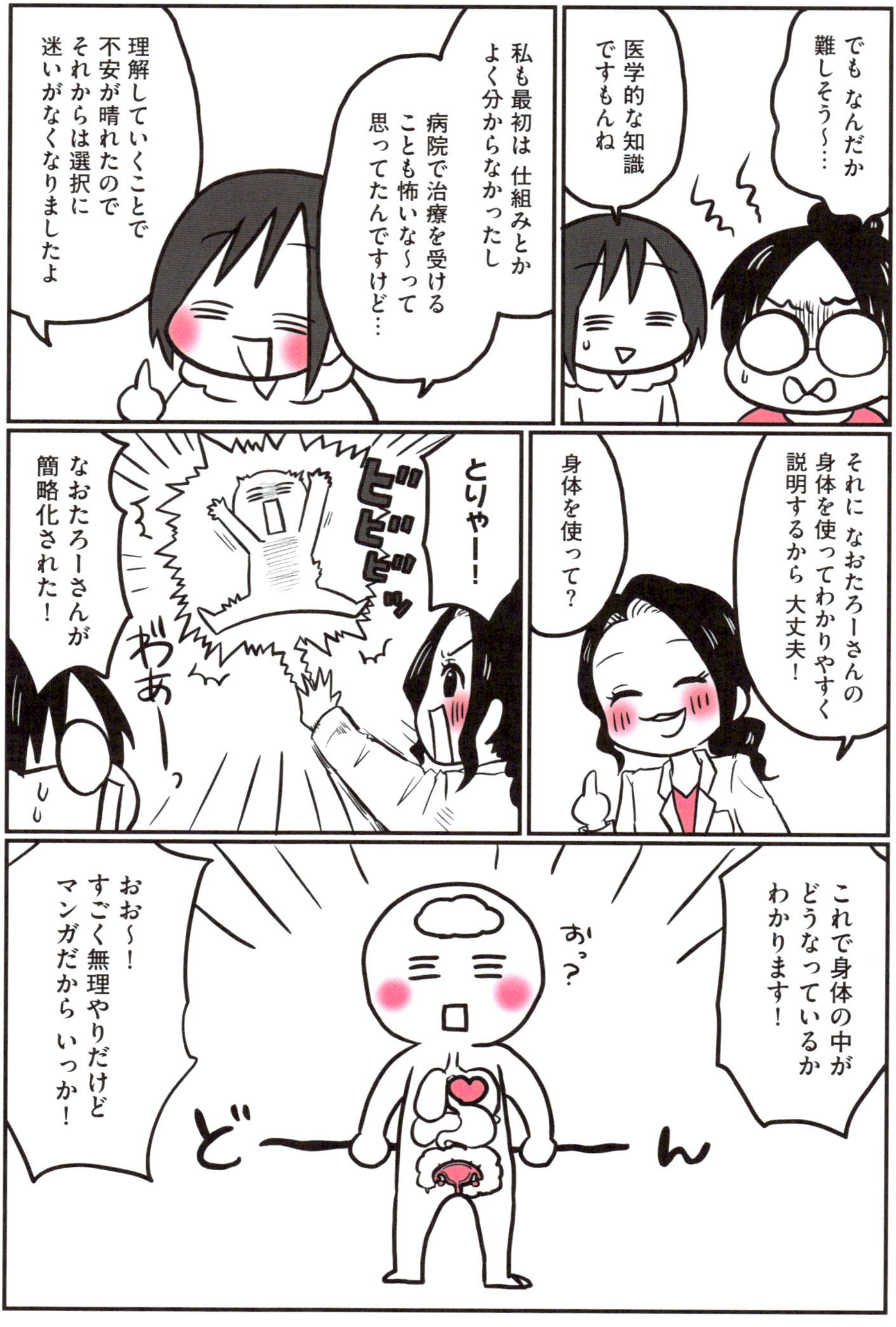

でも生理って全身を見なくても子宮《しきゅう》だけ見られたらよかったんじゃ…
スケスケだ
ノンノンノン生理の仕組みは子宮だけの話ではありません
さまざまな器官が働き2種類の女性ホルモンが変動することによって生理は起こるのですが…
卵胞ホルモン（エストロゲン）
黄体ホルモン（プロゲステロン）
2種類の女性ホルモン
生理が起こる仕組みはまず脳からスタートするのです！
どーーーん
脳やで
脳!?

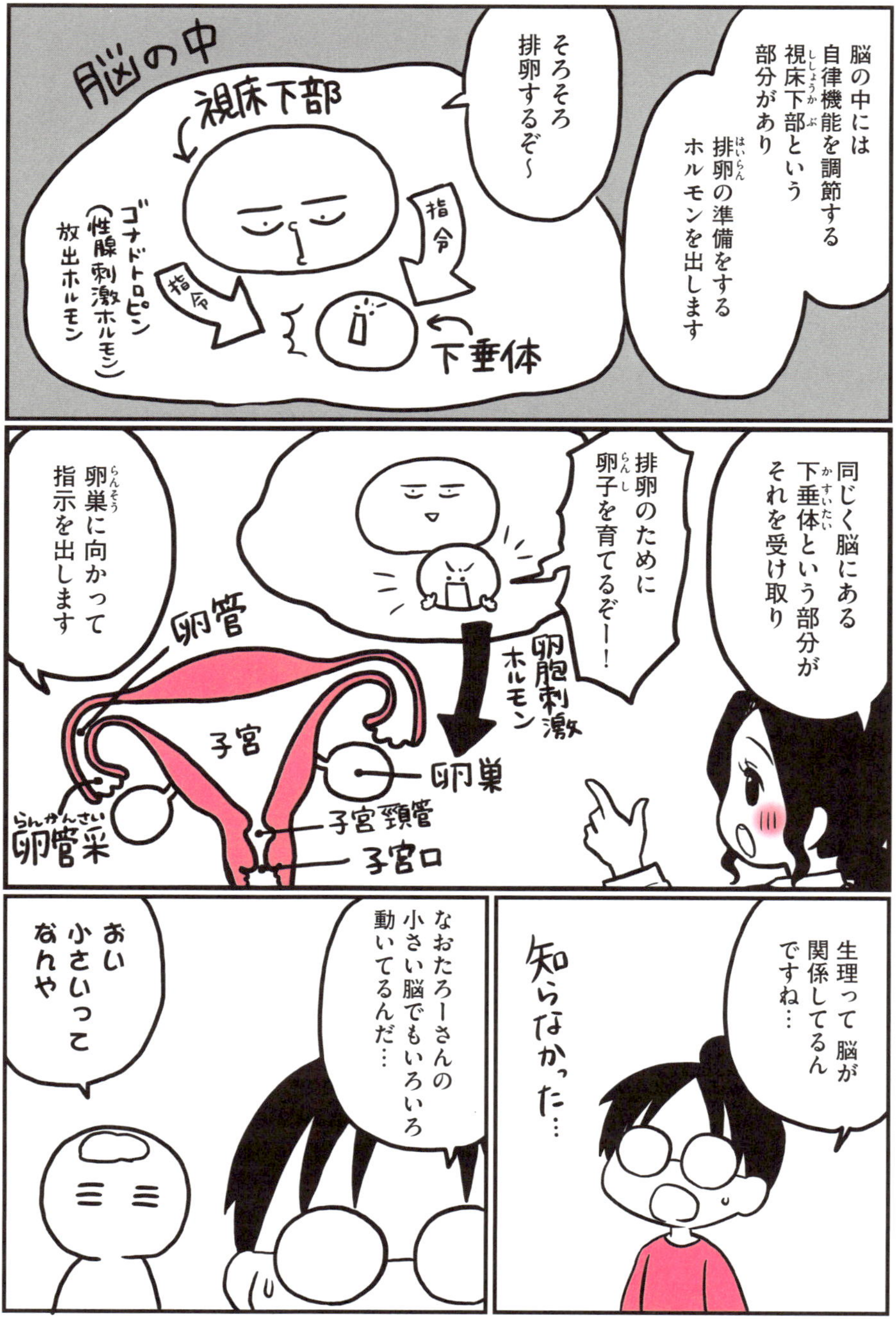

脳の中には
自律機能を調節する
視床下部《ししょうかぶ》という
部分があり
排卵《はいらん》の準備をする
ホルモンを出します
そろそろ
排卵するぞ〜
脳の中
視床下部
指令
指令
ゴナドトロピン
(性腺刺激ホルモン)
放出ホルモン
下垂体
同じく脳にある
下垂体《かすいたい》という部分が
それを受け取り
排卵のために
卵子《らんし》を育てるぞー!
卵胞刺激
ホルモン
卵巣《らんそう》に向かって
指示を出します
卵管
子宮
卵巣
子宮頸管
子宮口
卵管采《らんかんさい》
生理って 脳が
関係してるん
ですね…
知らなかった…
なおたろーさんの
小さい脳でもいろいろ
動いてるんだ…
おい
小さいって
なんや

原始卵胞…卵子の元
指令を受け取った卵子は原始卵胞《らんほう》の中から一つだけ成熟卵胞に成長させ
卵巣
成熟卵胞
原始卵胞
卵胞ホルモンを分泌《ぶんぴつ》させます！
ポー！！
さっき言ってた2種類ある女性ホルモンのうちの一つですね
どーも
卵胞ホルモンは子宮内膜《ないまく》を厚くする作用があり
この時期を卵胞期と言います
卵胞期は女性が最も調子の良い時期！
肌も髪もツヤツヤで血行も良くなり自律神経も安定してポジティブな時期！
うふ
代謝が良くなるのでダイエットの効果もこの時期は出やすい
おお！

ここまでは順調ですね！
このあとは排卵の準備です
卵胞ホルモンの分泌がピークになると
そろそろ成熟卵胞に育ったんちゃう？
脳の中
排卵の指令を出します！
おっしゃ排卵すんで〜
ラジャー！排卵準備よーい！
ビビビビ
指令
黄体形成ホルモン
すると 成熟卵胞が中の卵子を…
卵管采
ぐぐぐ…っ
卵巣
ポンッ

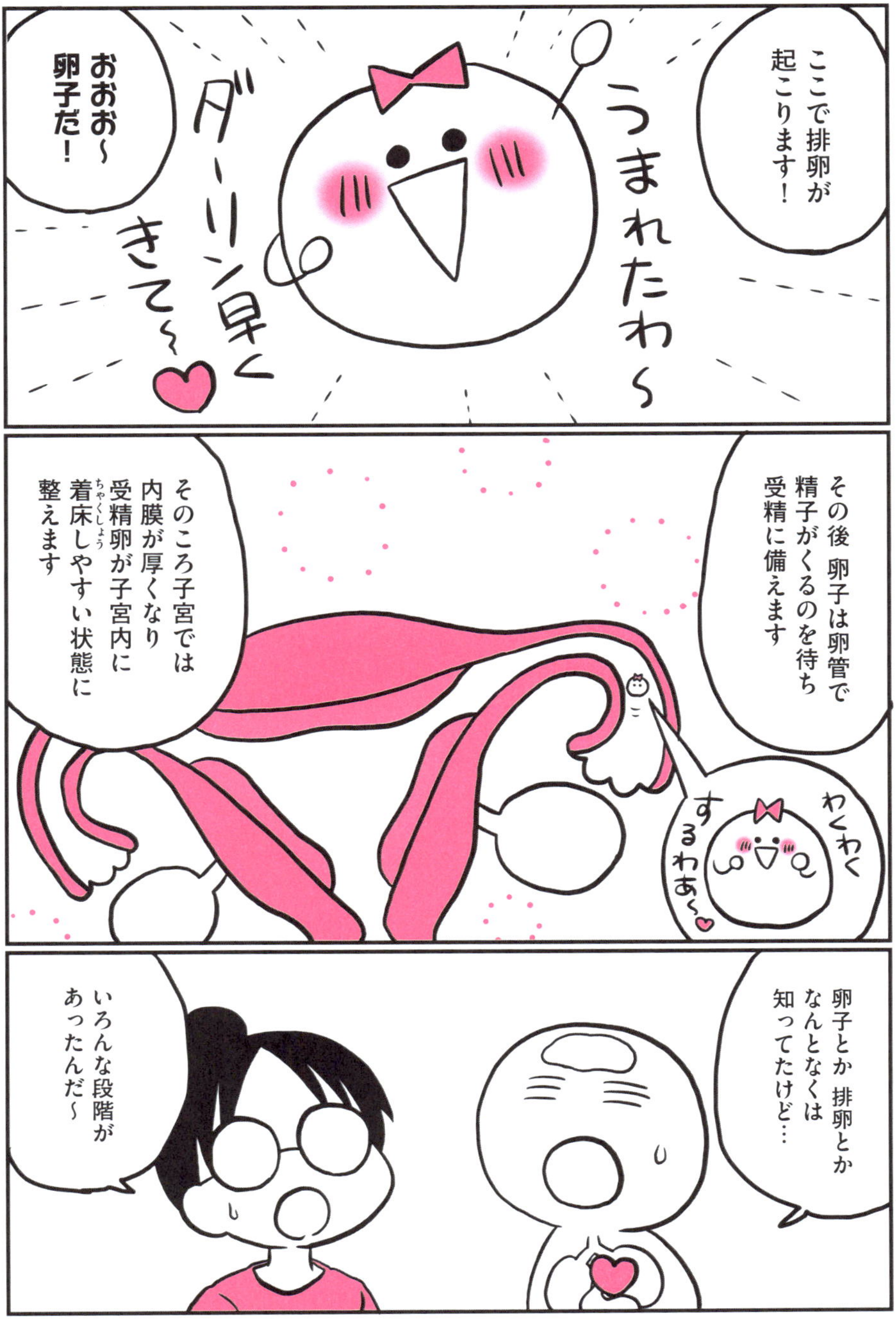
ここで排卵が起こります！
うまれたわ～
ダーリン早くきて～♡
おおお～卵子だ！
その後 卵子は卵管で精子がくるのを待ち受精に備えます
そのころ子宮では内膜が厚くなり受精卵が子宮内に着床《ちゃくしょう》しやすい状態に整えます
わくわくするわあ～♡
卵子とか 排卵とかなんとなくは知ってたけど…
いろんな段階があったんだ～

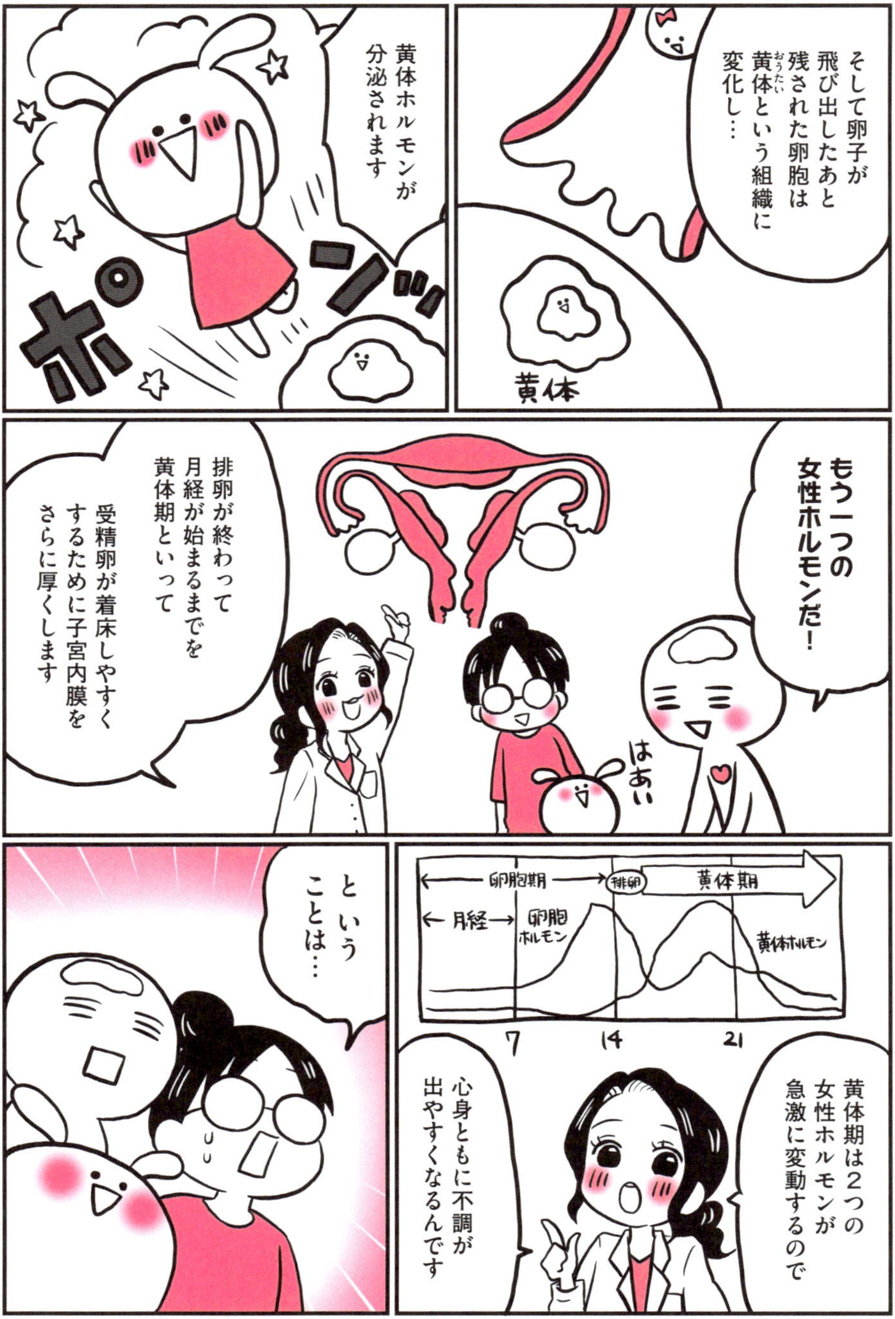
そして卵子が飛び出したあと残された卵胞は黄体《おうたい》という組織に変化し…
黄体
黄体ホルモンが分泌されます
ポーンッ
もう一つの女性ホルモンだ!
はあい
排卵が終わって月経が始まるまでを黄体期といって受精卵が着床しやすくするために子宮内膜をさらに厚くします
卵胞期
排卵
黄体期
月経
卵胞ホルモン
黄体ホルモン
7
14
21
黄体期は2つの女性ホルモンが急激に変動するので
心身ともに不調が出やすくなるんです
ということは…

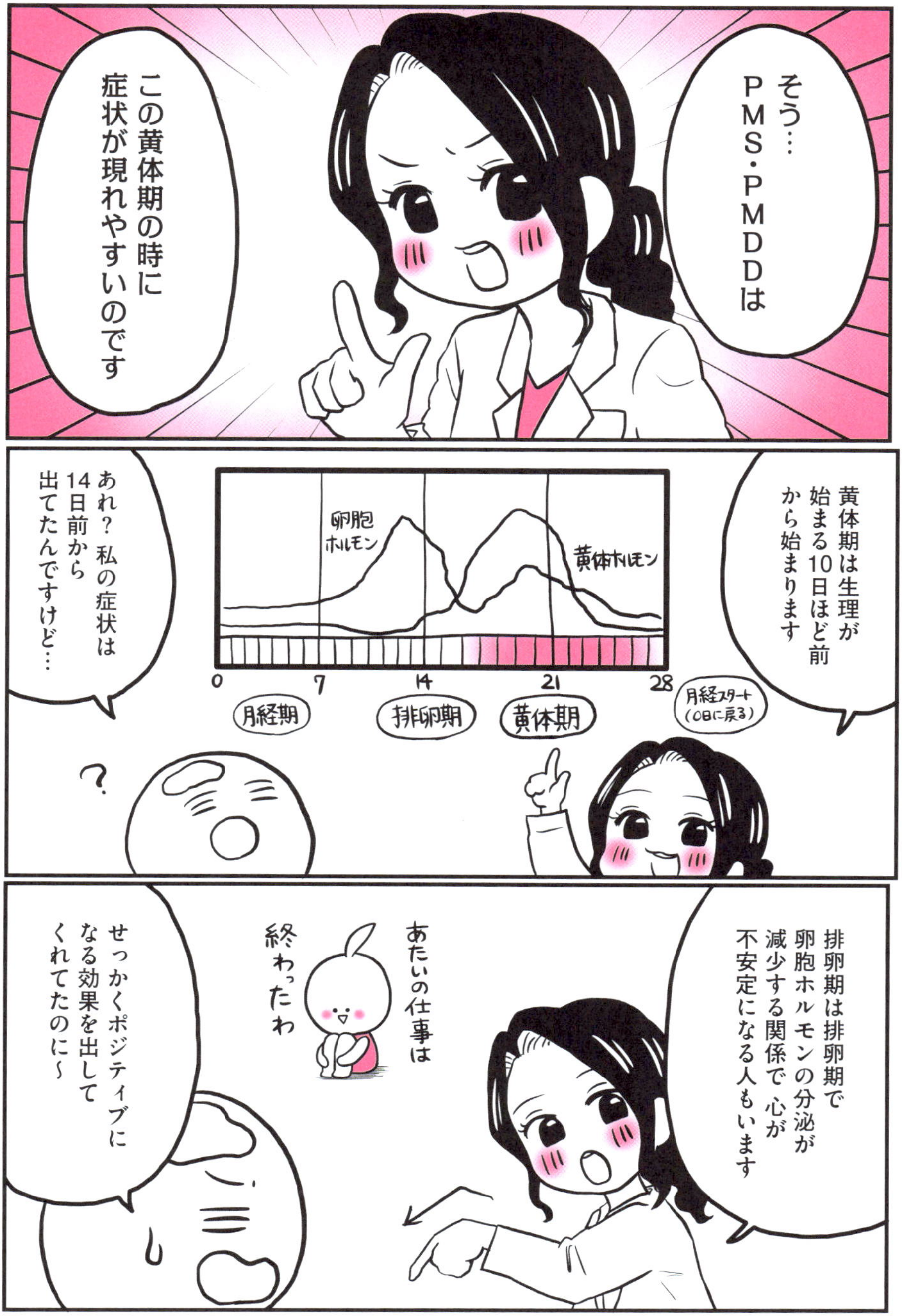
そう… PMS・PMDDは
この黄体期の時に症状が現れやすいのです
黄体期は生理が始まる10日ほど前から始まります
卵胞ホルモン
黄体ホルモン
0
7
14
21
28
月経スタート（0日に戻る）
月経期
排卵期
黄体期
あれ？ 私の症状は14日前から出てたんですけど…
?
排卵期は排卵期で卵胞ホルモンの分泌が減少する関係で 心が不安定になる人もいます
あたいの仕事は終わったわ
せっかくポジティブになる効果を出してくれてたのに～

しかし
PMS・PMDDの
原因はまだはっきり
解明されていないのです
えっ
そうなんですか?
女性ホルモンが深く
関わっていることは
わかってるんだけどね
症状が起こる一因も
人によって
さまざま
なのです
・ミネラル不足
・マグネシウム不足
・カルシウム不足
・運動不足やストレス
・カフェイン・アルコールの常用
などなど…
妊娠しなければ 黄体は
しぼんで白体《はくたい》に変化し
しょぼ〜ん
黄体→白体
卵胞ホルモンと
黄体ホルモンは減少
ああ〜…
サラサラ
サラ…

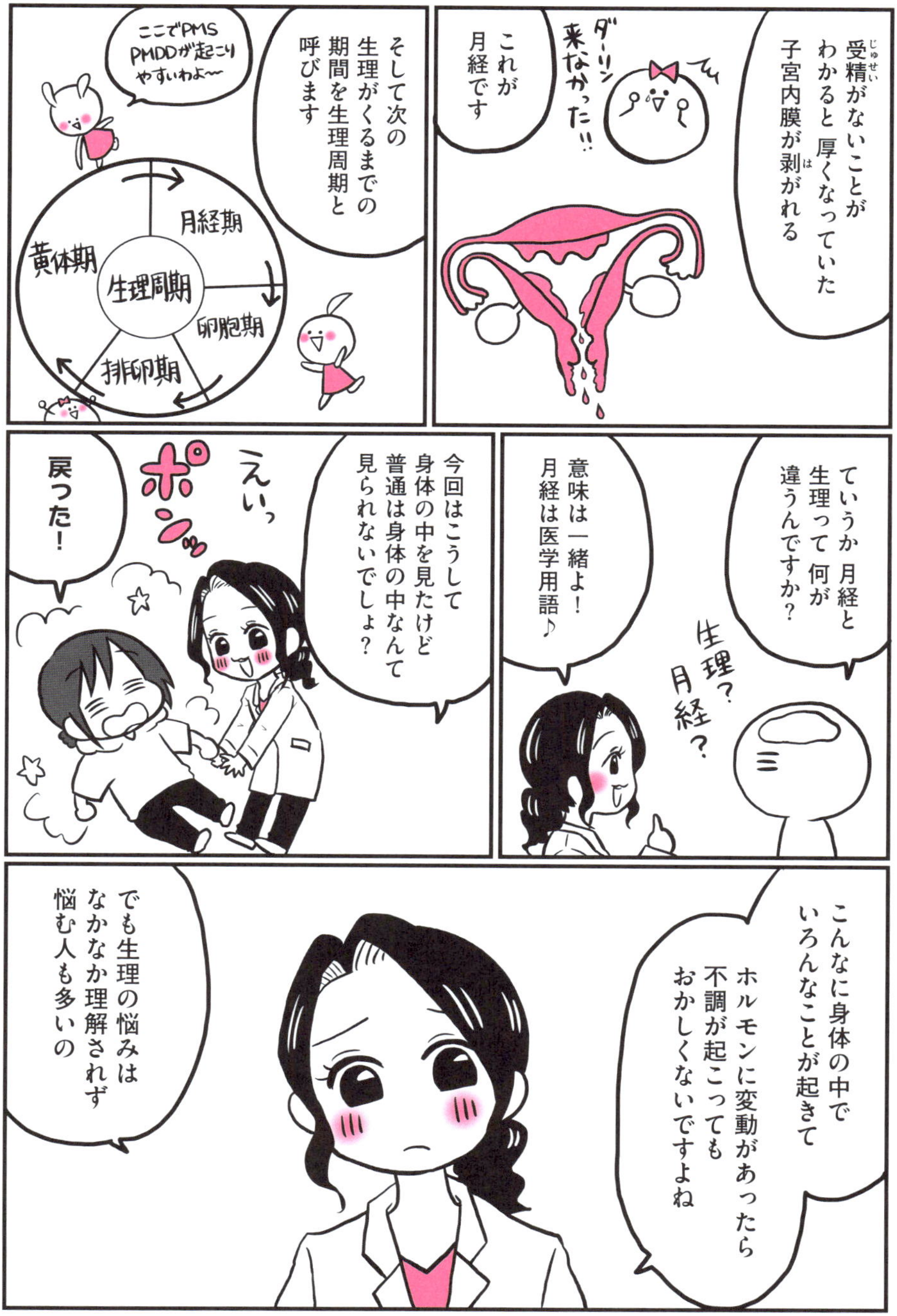
受精《じゅせい》がないことが わかると 厚くなっていた 子宮内膜が剥《は》がれる
ダーリン来なかった!!
これが月経です
そして次の生理がくるまでの期間を生理周期と呼びます
ここでPMS PMDDが起こりやすいわよ〜
生理周期
月経期
卵胞期
排卵期
黄体期
ていうか 月経と生理って 何が違うんですか?
生理? 月経?
意味は一緒よ! 月経は医学用語♪
今回はこうして身体の中を見たけど普通は身体の中なんて見られないでしょ?
えいっ
ポンッ
戻った!
こんなに身体の中でいろんなことが起きて ホルモンに変動があったら 不調が起こっても おかしくないですよね
でも生理の悩みは なかなか理解されず 悩む人も多いの

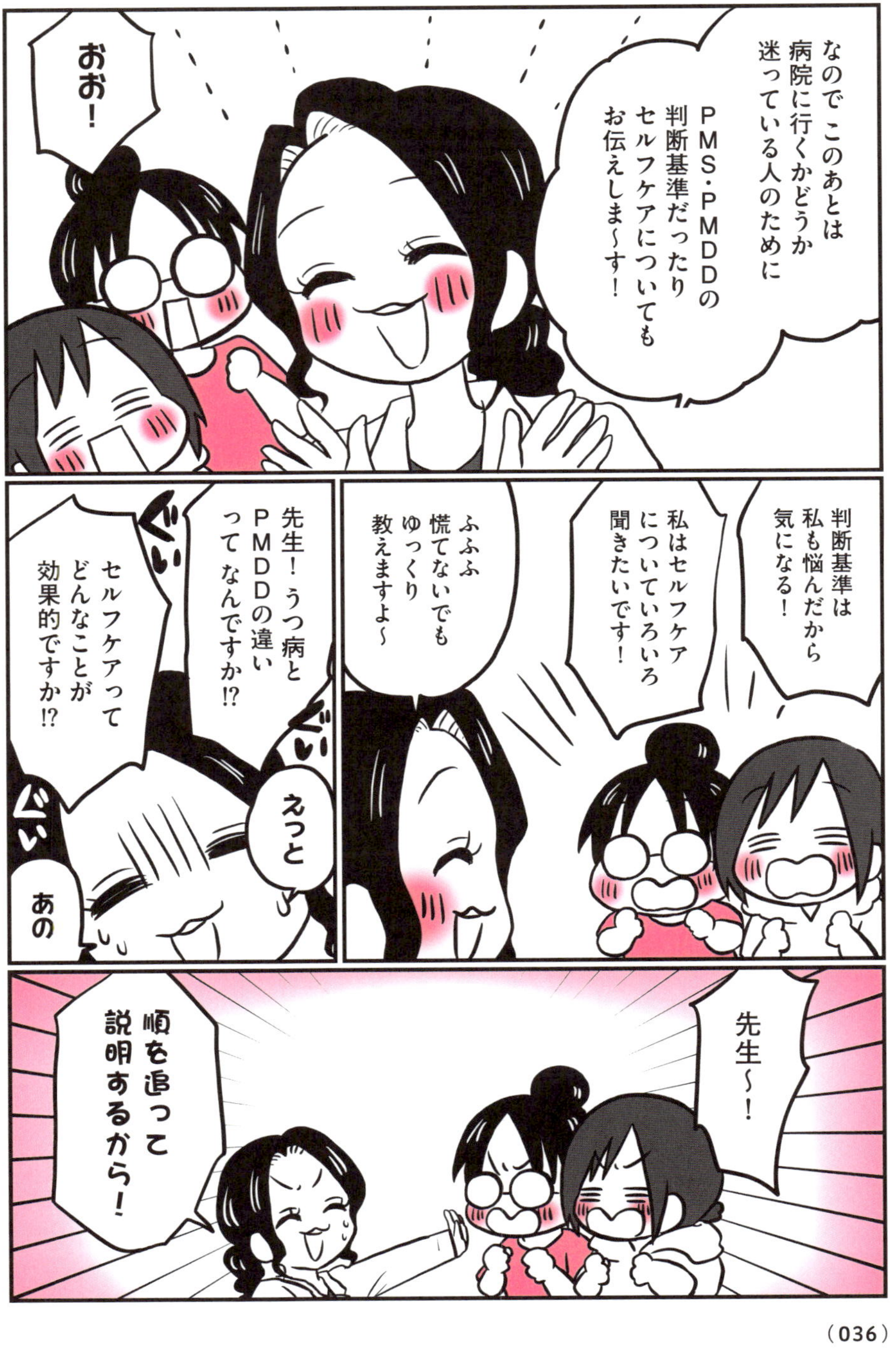
なのでこのあとは病院に行くかどうか迷っている人のためにPMS・PMDDの判断基準だったりセルフケアについてもお伝えしま～す！
おお！
判断基準は私も悩んだから気になる！
私はセルフケアについていろいろ聞きたいです！
ふふふ慌てないでもゆっくり教えますよ～
先生！うつ病とPMDDの違いってなんですか!?
ぐい
ぐい
セルフケアってどんなことが効果的ですか!?
えっと
ぐい
あの
先生～！
順を追って説明するから！

# 病院に行く？ 行かない？

HOSPITAL
実は気になってることが… 病院に行く基準が よく わからないんですけど
どれくらいの症状の人が病院に行くべきなんですか？
日常生活に支障が出て本人が煩わしいと思ったら…かな
ＰＭＳやＰＭＤＤのしんどさって 数値化されるものではないし
基本的に自己申告なんです
えっ！
そうなんだ…
血液検査とか内診で判断できるのかと思った…
ＰＭＳやＰＭＤＤであるかどうかは 検査で判定できないんです
血圧測定
血液検査
もちろん血液検査や血圧測定をしたり内診をすることもありますけどね

だから自分が
しんどい！
どうにかしたい！
って思ったら
いつでも
婦人科にきてね
まってるよ！
婦人科って
何歳から行って
いいんですか？
ずっと気になってた
年齢制限なんて
ないない！
小学生でも
誰でもきて
いいんですよ！
学生さんが
婦人科に行くのは
ハードルが高いって
思うかもしれないけど…
年齢とか関係なく
女性特有の身体の悩みに
寄り添ってあげるのが
婦人科の役割！
だからいつでも
相談しにきて
もらって大丈夫だよ
月経
おりもの
子宮
PMS
PMDD
卵巣
性感染症
更年期障害
避妊
不妊

なんだかハードルが下がって相談しやすくなりましたね！
ぱああ
うんうん
あともうひとつ気になることが…
Fさんどうしたんですか？
症状のチェックリストなんですけど…
これだけを見たら何科の病院に行けばいいのか判断しづらいですよね…
□ 情緒不安定
□ 抑うつ
□ 倦怠感
□ 乳房の張り
そう！
そうなんですよ！
私は精神的症状が重かったので自分はうつ病の可能性もあるなぁ～と思って…
婦人科なのか精神科や心療内科に行けばいいのかわからなかったんですよ～

先生教えてくださーい！
うおおおお
自分がＰＭＳやＰＭＤＤとわかれば婦人科で大丈夫ですよ
月経前に３ヶ月以上症状が出ていてほかの疾患を否定できればＰＭＳ・ＰＭＤＤと判断して婦人科を受診してみましょう
毎月しんどい!!
月経が始まっても症状が落ち着かないのであればほかの疾患が考えられます
ずーっと…
無気力…
うつっぽい気持ちが月経前後関係なく続くようであれば 精神科や心療内科を受診しましょう

当時はうつ病とPMDDの違いがよくわかっていなかったけど…
排卵後に症状が出て月経が始まると症状が落ち着くからPMDDだということですね！
そういうこと！
ちなみにPME「月経前増悪《ぞうあく》」というものもあります
月経前増悪
PME
PME…？
元来 精神疾患がある方が月経前になると症状が重くなることを言います
月経前
PMEの疑いがあれば精神科への受診をオススメします
へー
アルファベットがいっぱいで 頭の中がわけわかめ…
PMS…
PMDD…
PME…
わかめ？

なおたろーさんは どうやって自分が ＰＭＤＤだと判断したんですか？
？
まず １００円ショップで 手帳を買いました
毎日 その日の体調や 生理が始まった日を 記録したんです
うっうっ… 私なんて…
そしたら排卵日ごろから うつっぽくなることが わかったので
私ってＰＭＤＤだったんだ！
…と 気がつきました
手帳やカレンダー 今は生理管理アプリなどでチェックするのもいいですね
生理管理アプリだと 次の排卵日がいつごろなのか 自動で計算してくれますよ

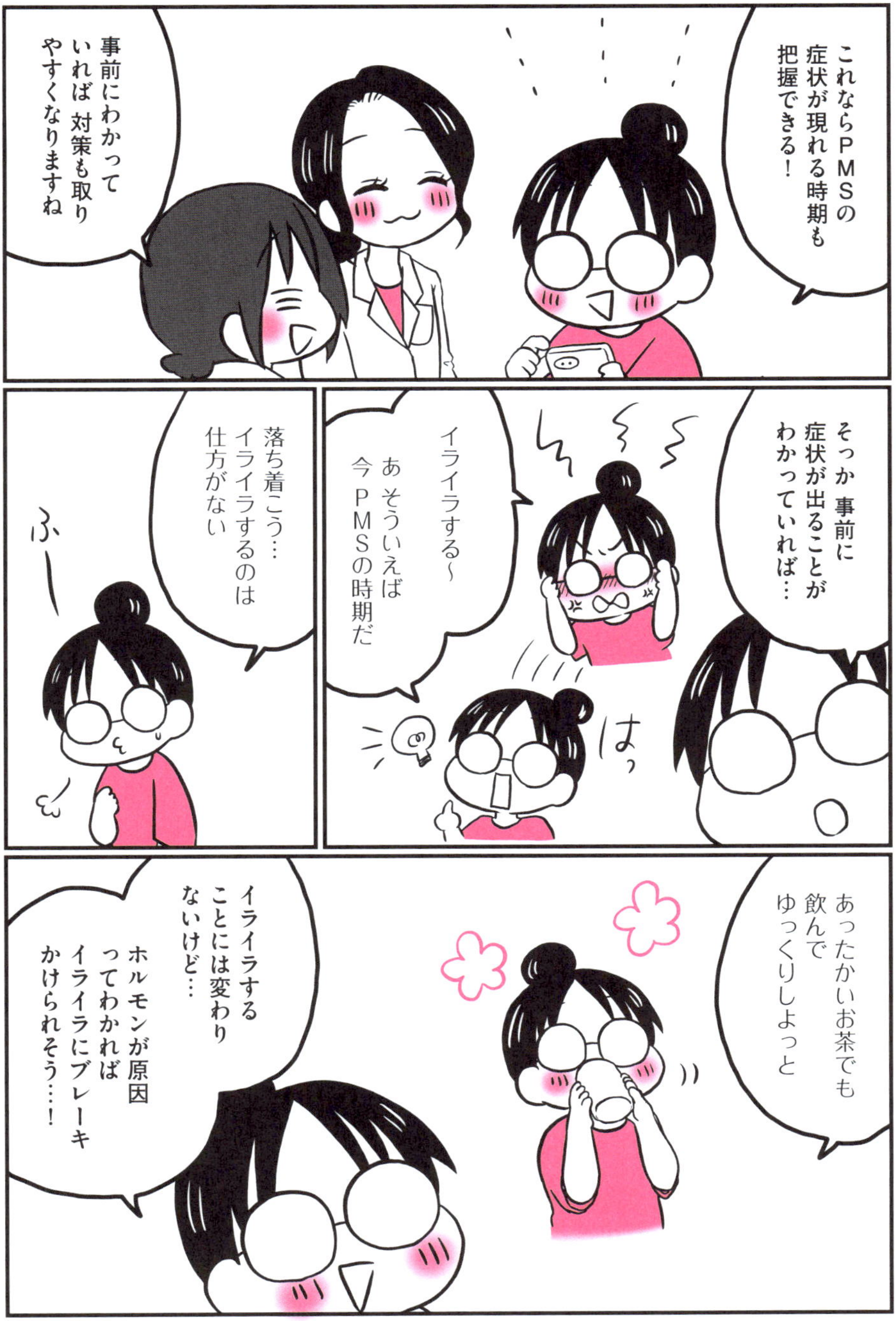
これならPMSの症状が現れる時期も把握できる！
事前にわかっていれば 対策も取りやすくなりますね
そっか 事前に症状が出ることがわかっていれば…
イライラする～ あ そういえば 今PMSの時期だ
はっ
落ち着こう… イライラするのは仕方がない
ふー
あったかいお茶でも飲んでゆっくりしよっと
イライラすることには変わりないけど… ホルモンが原因ってわかればイライラにブレーキかけられそう…！

私も学生の時婦人科に行ってたら人生変わってたのかも…
なおたろーさんは中学生のころから症状があったって言ってましたもんね
突然学校に行くのが怖くなった時や…
わけもわからず自分を傷つけていた時…
会社もなぜか行けなくなって母親が車で会社まで連れて行ってくれても車から降りられなくて

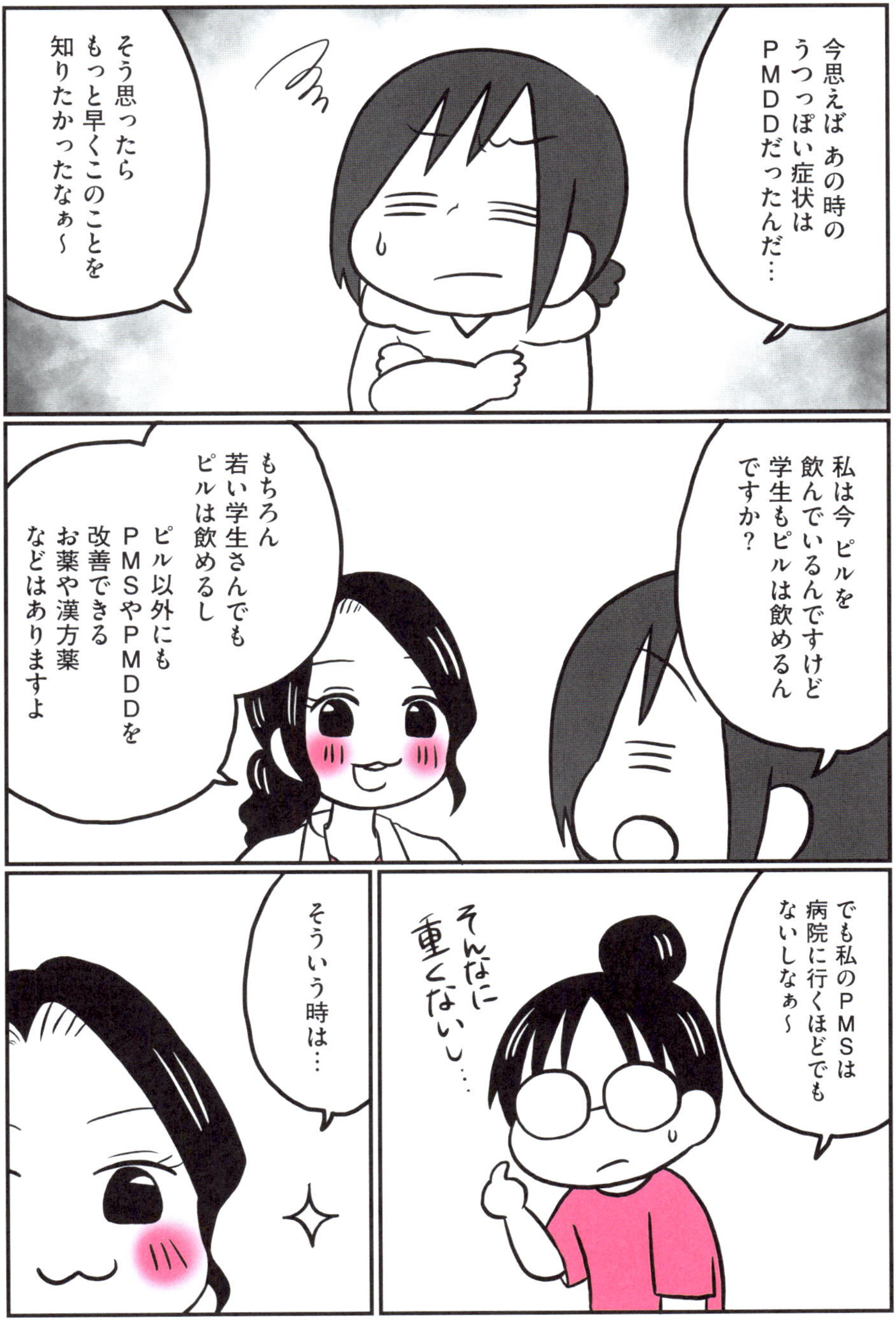
今思えば あの時のうつっぽい症状はＰＭＤＤだったんだ…
そう思ったら もっと早くこのことを知りたかったなぁ〜
私は今 ピルを飲んでいるんですけど学生もピルは飲めるんですか?
もちろん若い学生さんでもピルは飲めるし ピル以外にもＰＭＳやＰＭＤＤを改善できるお薬や漢方薬などはありますよ
でも私のＰＭＳは病院に行くほどでもないしなぁ〜
そんなに重くないし…
そういう時は…

一度セルフケアを試してみましょう！
セルフケア！
セルフケアで改善したり上手に生理と付き合っていけるようになることもあります！
気になる〜！
次回は自宅で試せるセルフケアのお話
その次は病院での診察内容や治療法について解説していきます
薬は避けたい人やセルフケアについては
50ページ
診察については
72ページ

PMS・PMDD

もっと知りたいPMS・PMDDのこと①

教えて！
高橋先生

# PMSよりPMDDのほうが重い？

**Fさん**

PMDDって、PMSよりも重い症状のイメージがあるんですけど…症状が軽いものを PMS、精神的症状が出て重い症状を PMDD と言うんですか？

**高橋先生**

どちらが重いとかは特にありません。
PMSは、月経前に経験するさまざまな身体的・精神的症状を指す広い概念です。
その中でも精神的症状が強調されるものを PMDD と呼ぶので、PMSの中にPMDDが含まれる、という認識でいていただければと思います。

**Fさん**

症状の度合いによって分類されるのかと思いました！
PMSのさまざまな症状の中でも、精神的症状が目立って出てしまうものをPMDDと呼ぶのですね。

**高橋先生**

精神的症状でも、「普段よりも意欲が出ないな～」という人もいますし、希《き》死《し》念《ねん》慮《りょ》が起こってしまうほど症状が重い人もいます。
しかし生理前に症状が出ているということであれば、どちらもPMDDなのです。

教えて！高橋先生

# 出産後にPMS・PMDDになりやすい？

**なおたろー**

私のブログ読者さんから「出産後にPMS・PMDDが悪化した」という話をたまに聞くのですが、出産はPMS・PMDDに影響があるのでしょうか？

**高橋先生**

妊娠中は生理が起こらないし、産後も生理が始まるまでに半年～1年という人もいるので、出産の影響というよりも、体質の変化の影響が大きいと考えられます。産後はどうしても育児で睡眠時間が少なくなったり、ストレスも増えるなど、外的要因によってPMS・PMDDが悪化するということはあります。

**なおたろー**

産後が直接的原因というよりは、体質の変化や、育児のストレスが関わってくるということですね。

**高橋先生**

しかし、お産をすると子宮の出口が広がりやすくなるので、血液が通るための子宮の収縮が少なくなることもあります。もともと内膜症があって生理痛が強い人などは、妊娠中は生理が止まっているので治療しているのと同じ状態になり、産後に生理痛が軽くなるという人もいますよ。

## 第4話

# 日常でできるセルフケア

なおたろーさんのように
生理日誌を書くことをオススメします
11
4 生理痛
5 生理痛
6 おちついてきた
7 買い物
8 旅行
11 元気!
12 ←出張→ 13
14 おだやか
15 ランチ
18 イライラ
19 イライラ
20 泣
21 落ち込み
25 あ—
26 むり
27 むり
28 生理
生理に関係している不調なのか判断することができますし
生理周期を把握すれば自分がしんどくなる時が事前にわかるので予定を詰めすぎないなど対策をとれますよ
シールを貼ったり
マークを書くのも!
ちなみにこれが当時の手帳です
どーぞ
わあすごい!
ペラッ
2015
2015
重い…
あら—…
いやーほんと辛かったですもん
暗い感情は全部手帳にぶつけていました★
あはっ
2015

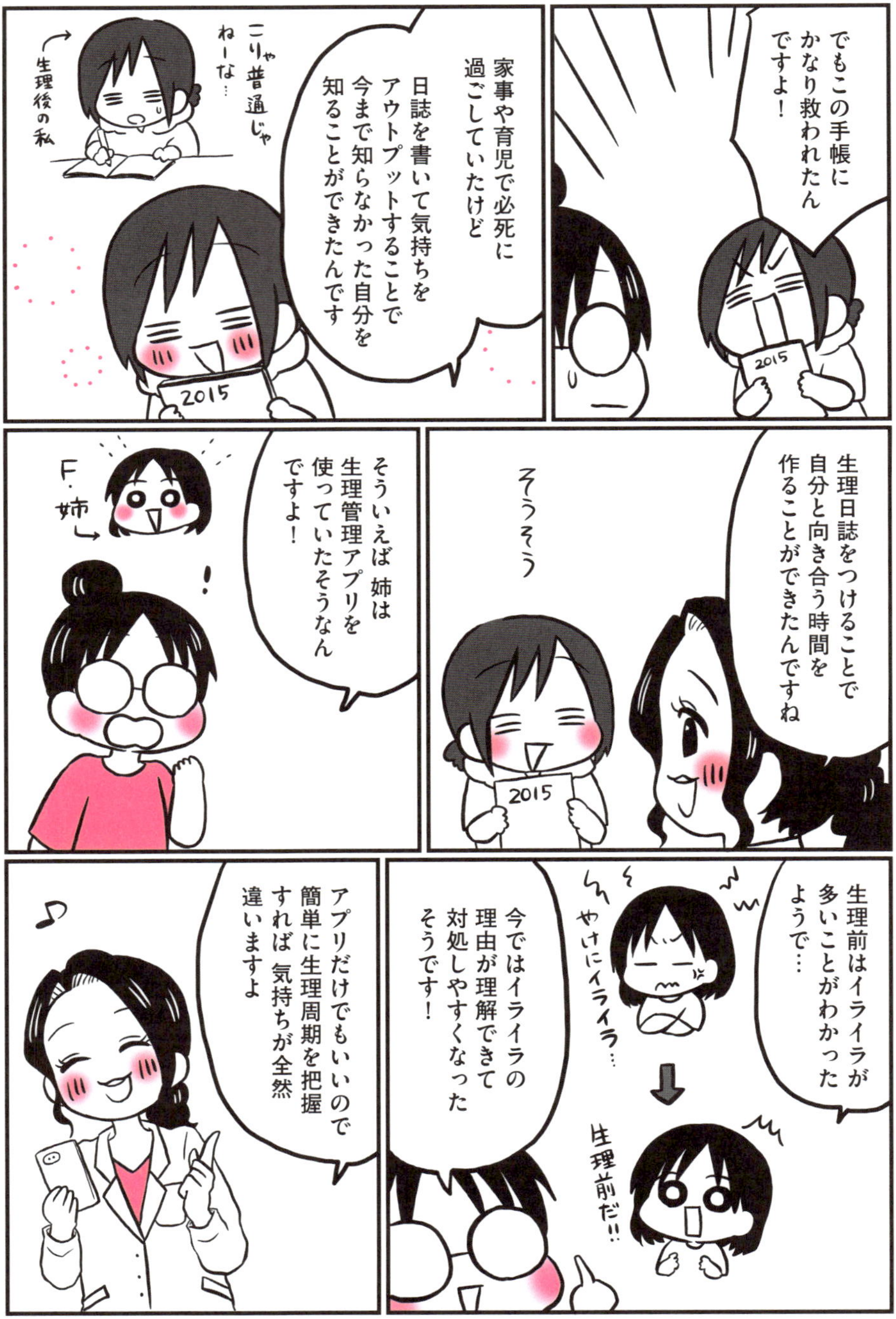

でもこの手帳にかなり救われたんですよ！
2015
家事や育児で必死に過ごしていたけど日誌を書いて気持ちをアウトプットすることで今まで知らなかった自分を知ることができたんです
こりゃ普通じゃねーな…
生理後の私
2015
生理日誌をつけることで自分と向き合う時間を作ることができたんですね
そうそう
2015
そういえば 姉は生理管理アプリを使っていたそうなんですよ！
F・姉
！
生理前はイライラが多いことがわかったようで…
やけにイライラ…
生理前だ!!
今ではイライラの理由が理解できて対処しやすくなったそうです！
アプリだけでもいいので簡単に生理周期を把握すれば 気持ちが全然違いますよ
♪

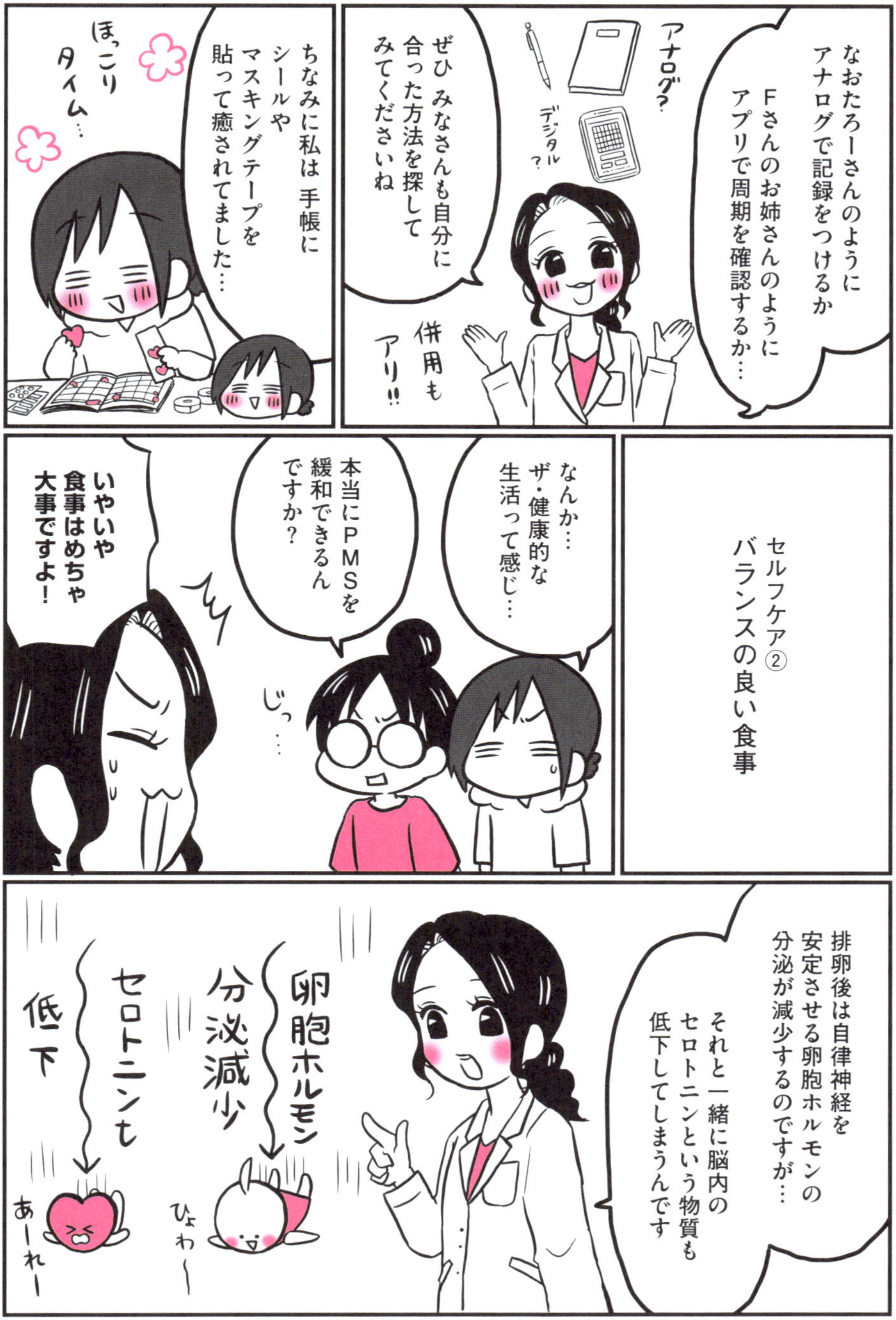
なおたろーさんのように
アナログで記録をつけるか
Fさんのお姉さんのように
アプリで周期を確認するか…
アナログ?
デジタル?
併用もアリ!!
ぜひ みなさんも自分に
合った方法を探して
みてくださいね
ちなみに私は 手帳に
シールや
マスキングテープを
貼って癒されてました…
ほっこりタイム…
セルフケア②
バランスの良い食事
なんか…
ザ・健康的な
生活って感じ…
本当にPMSを
緩和できるん
ですか?
じっ…
いやいや
食事はめちゃ
大事ですよ!
排卵後は自律神経を
安定させる卵胞ホルモンの
分泌が減少するのですが…
それと一緒に脳内の
セロトニンという物質も
低下してしまうんです
卵胞ホルモン
分泌減少
セロトニンも
低下
ひょわ〜
あーれー

セロトニン…？
聞いたことある
セロトニン
はーい
セ
セロトニンは幸せホルモン！ 脳内の神経伝達物質の一つで 精神を安定させ幸せを感じやすくする働きを持っているんです
女性ホルモンの変動でセロトニンも低下し うつ症状 不安感 イライラなど 気持ちが不安定になり…
しおしお しお…
PMS
PMDD
うつ症状 不安感 イライラ…
幸福を感じにくい！
セロトニンの減少がPMSの原因になっているのではないかと言われているのです
幸せホルモンまで少なくなってしまうなんて…
せやねん
だからこそ食事は大事！ セロトニンを増やすためにトリプトファンとビタミンB6を積極的に摂りましょう！
☆Point☆
トリプトファン
ビタミンB6

トリプトファンは
必須《ひっす》アミノ酸の一つ
トリプトファンは体内で
生成できないので 食事から
摂取《せっしゅ》する必要があります
トリプトファン
（必須アミノ酸）
セロトニン
（幸せホルモン）
メラトニン
（睡眠ホルモン）
セ
ムズカシイ…
どんなものを
食べればいいん
ですか？
豆腐や納豆 味噌
といった大豆製品
チーズや牛乳
ヨーグルトなどの
乳製品ですね
白米や
玄米も！
ヨーグルト
MILK
それなら手軽に
用意できそう！
トリプトファンと
ビタミンB6が結びつくと
セロトニンができるので
ビタミンB6が摂れる
玄米やカツオやマグロ
レバーや鶏むね肉 ささみ
などの食品も合わせて食べて
トリプトファン
ビタミンＢ６
セロトニン
脳内のセロトニンを
増加させましょう！

へい
お待ちっ
なんかご飯
出てきた！
どんっ
普段食べ盛り
男児２人のご飯を
作ってるもんで…
急に
おかん！
納豆や豆腐はパックを
あけるだけなので
日頃の食事に取り入れ
やすいですね
お醤油も
大豆食品
ちょー
玄米
ごはん
玄米は炊くのが面倒なら
パックご飯もあるし
カツオのたたきは
ほかのお刺身と比べて
安く買えますね
むね肉はパサつき
やすいけど 調理法を
工夫すればしっとりに
塩麹や片栗粉を
うまく使うのがコツ
塩麹《しおこうじ》のおかげで
やわらか～い♪
レバーは下処理が
ちょっと面倒だけど
甘辛く煮ると
おいしいですよ～
どうぞ
おいし～
作るのが大変な時は
お惣菜という手も
ありますね

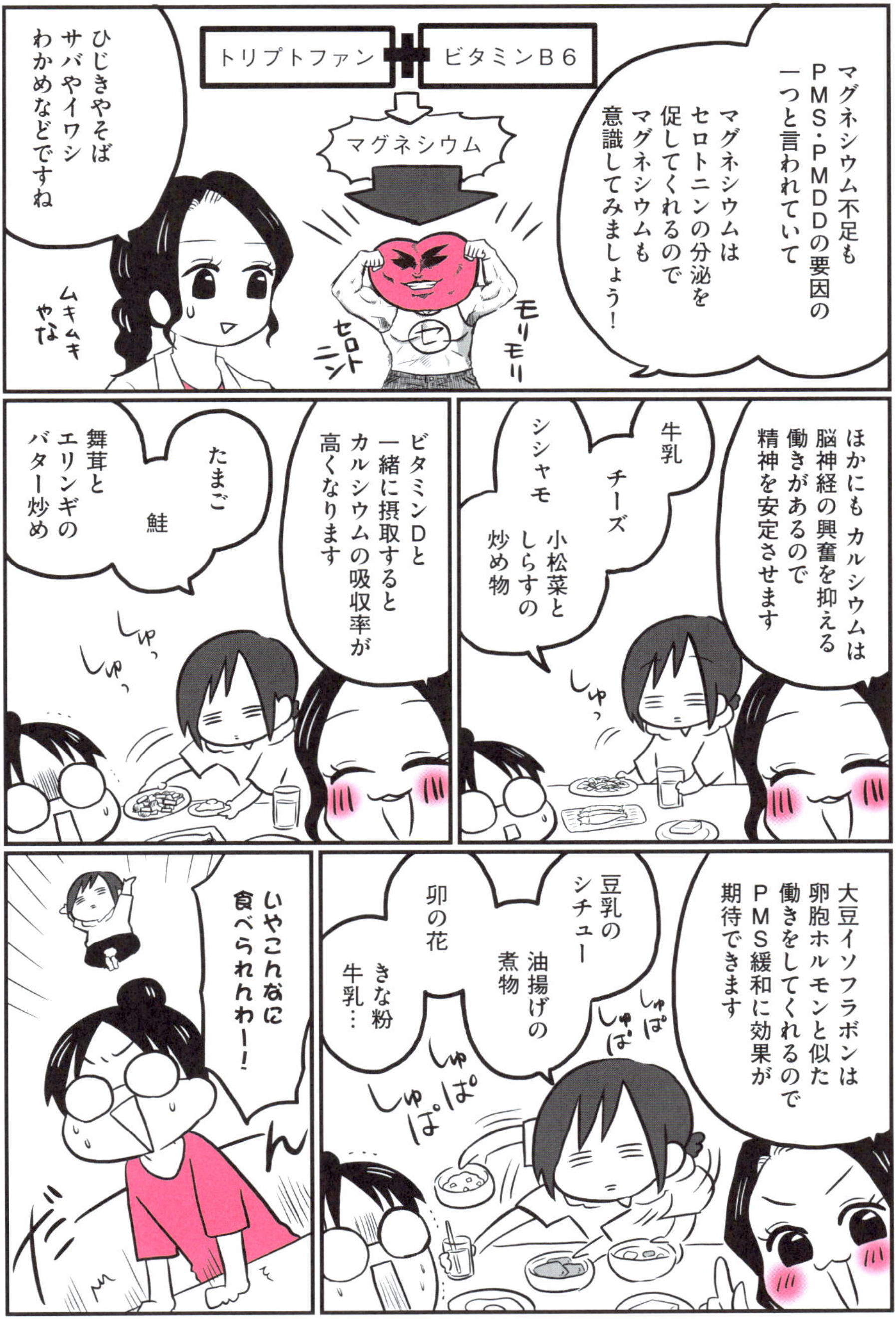
マグネシウム不足もPMS・PMDDの要因の一つと言われていて
マグネシウムはセロトニンの分泌を促してくれるのでマグネシウムも意識してみましょう!
トリプトファン
ビタミンB6
マグネシウム
モリモリ
セロトニン
ムキムキやな
ひじきやそばサバやイワシわかめなどですね
ほかにもカルシウムは脳神経の興奮を抑える働きがあるので精神を安定させます
牛乳
チーズ
シシャモ
小松菜としらすの炒め物
しゅっ
ビタミンDと一緒に摂取するとカルシウムの吸収率が高くなります
たまご
鮭
舞茸とエリンギのバター炒め
しゅっ
しゅっ
大豆イソフラボンは卵胞ホルモンと似た働きをしてくれるのでPMS緩和に効果が期待できます
豆乳のシチュー
油揚げの煮物
卯の花
きな粉牛乳…
しゅぱしゅぱ
しゅぱしゅぱ
いやこんなに食べられんわー!

全部一気はそりゃ無理です
過剰に摂取するのも身体によくないのであくまで できる範囲でバランスよく摂取することが大切ですね
ちょっとでも心と身体をいたわれるように食事を意識することがファーストステップかな
日常生活に取り入れやすいものから始めてみようかな
メモメモ…
あ！でも一つ気をつけてほしいことが！
生理前は甘いものを食べたくなりがちだけど糖分には気をつけてね！
血糖値が急激に上がるとイライラや過食になりPMS・PMDDの症状が悪化することがあるから！
食べたい…
食べたい…
ポテチ
血糖値
ずっと
食べちゃう～
血糖値
イライラや過食が止まらない

えー!
甘いものつい
食べちゃうよ~
生理前の時期は
ある程度仕方ない
んですけどね
せめて血糖値の
急上昇に気をつけたり
よく噛んで食べて
いただきたいですね
よく私は 冷やした
焼き芋たべてまふ
食物繊維豊富だし
冷やすことで
血糖値が上がり
にくくなりますよ
いいですね~
ひんやり
食べる順番も
意識すると 血糖値の
上昇を抑えられますよ
野菜
タンパク質
炭水化物
野菜から食べる
ってやつですね
バランスのよい食事が
PMS・PMDDに
本当に関係するのか
って疑ったけど…
ちゃんと理屈が
あるんだなぁ~
た…
大変です!
このお話の
ページ数がこれで
ラストです!
食事の話が
盛りだくさん
すぎた!
次回はセルフケアの
続きです~

第5話

# 続・日常でできるセルフケア

お酒も生理前は肝臓のアルコール代謝《たいしゃ》を遅くする作用があるので
むくみや二日酔いが起きやすく飲みすぎには注意です
いつもより酔いやすい
BEER
飲むものも工夫が必要ですね…
なので私ノンカフェインの紅茶を飲むようにしてます
食事は塩分に要注意
摂取しすぎると身体が塩分濃度を下げようとするので 体内に水分を溜め込んでしまうのです
むくむ～
調味料のかけ過ぎに注意したり
香味野菜やスパイスを活用するのも一つの手段ですね
カリウムを摂取するのも体内の余分な塩分を排出してむくみ解消の効果がありますよ
もちろん塩分不足もそれはそれで問題なので…
あくまでバランスよく!

セルフケア④
軽い有酸素運動
有酸素《ゆうさんそ》運動《うんどう》はＰＭＳの症状を和らげる効果が期待できますよ
スポーツスタイル!!
?
せ 先生!
なおたろーさんが運動嫌いすぎて倒れちゃいました!
えー!?
なおたろーは倒れてしまった!
目の前が真っ暗になった!
そんな激しい運動とかじゃないから!
ずるずる
オススメなのはヨガやピラティスストレッチなど!
血流をよくする動きがいいですね
ヨガは瞑想《めいそう》をして深い呼吸を行うので
自律神経やホルモンのバランスを整えるのにぴったりですよ

朝の散歩は日光を浴びながら歩いてセロトニンの増加につなげることができるし
ゆっくり深呼吸するだけでも 頭がスッキリしますよ
なおたろーさんはまったく運動しないんですか?
キィエエエエ
走るの歩くの嫌い! お外に出たくない!
あでも踊ることだけは好きなので… 近所の子供たちに踊りの指導とかしてます
え! 意外!
踊りってめっちゃハードなのでは…
ダンスはアート!

なので 家でも朝から アニソンのリズムに 合わせて全身の ストレッチをしてます
よっ
首 肩甲骨 股関節を 伸ばしながらゆっくり 呼吸をすることで ＰＭＤＤも軽くなる ような気がします
手でおさえて あげると よくのびる
すごい！
あと むくみ改善 体操としては
夜寝る前に やるのが オススメ
ころんっ
両手両足を 上にして…
ゴキブリ体操
ぶらぶら ぶらぶら
ネーミングが すごく嫌…
いやこれめちゃ 効くんですよ！
やるのと やらないのじゃ 雲泥《うんでい》の差！
重力で下がってしまった 血液を戻してあげる イメージでやると
血流のめぐりがよくなって むくみも解消して 身体のだるさもすっきり！
レッツ ゴキブリ！
名前…

セルフケア⑤ タバコを控える
喫煙《きつえん》は血行を悪くしてしまうのでむくんでしまったり身体が冷えてしまいPMS・PMDDの症状悪化に影響を及ぼしてしまいます
血行
DOWN
受動喫煙にも気をつけないとですね
確かに!
血のめぐりが悪いと身体も冷えるし自律神経も乱れてしまいます
PMS・PMDDの症状が辛い人は 禁煙をオススメします
セルフケア⑥ 気分転換やリラックスする時間を増やす
意外にこれが難しい気がする
ただでこそ日々忙しくて1日が足りないくらいなのに…
ゆっくりする時間なんて どこで作ればいいんだ!!
って感じで…
わかるわかる

少し休んでも やらなきゃ いけないことは尽きないし
本当に休まることって なかなかできない ですよねぇ
そうですね…
「休養」で 足りないものは 「栄養」で補うのは どうでしょうか？
栄養？
また食事の 話ですか？
ここで言う栄養は 「心の栄養」です
こちらが なおたろーさんの ステータスです
なおたろー Lv.3
体力 ゲージだ
なおたろーさんに 疲れを与えます
ああ！ 体力が！
なおたろー Lv.3
ビビビ…
つかれ
つかれ
ずううん…
ここに推しの フィギュアを 渡します
はい,
ヒョアー！！ 尊いいい！
これが 心の栄養
なおたろー Lv.3
スー…
そうなの!?

なおたろーさんのステータスを見てください
パッパーパラ♪
パッパラパラ
無敵
なおたろー Lv.3
無敵モード入ってる!
!?
ぱあああっ
休養ももちろん必要ですが好きなもの 好きなことで自分で自分を癒していたわってあげることも大切です
なるほど
セルフケア⑦
人に話す
これすごく大事ですよね
もどった
私も夫にPMDDのことをきちんと話すまでは 喧嘩が絶えなかったですもん
私も知識がなかったしただ押し付けることしかできなかったけど…
生理前だから仕方ないじゃん!
夫
仕組みや症状を理解したりPMDDという病名があることを伝えると理解してもらうことができました
排卵後のホルモンの変動で…
なるほど…

最初は少し戸惑っていたけど
ちょっとずつ一緒にＰＭＤＤに向き合ってくれるようになったんです
理解が得られるって本当に心強いです
今は仲良し！
当事者でないと理解するのってすごく難しいですよね
だからこそコミュニケーションをしっかり取って症状や状況について話すことはとても大切です
気持ちをアウトプットすることで自分と向き合うこともできます
ＰＭＳ・ＰＭＤＤは几帳面で真面目な人がなりやすいので意識的に自分をいたわってあげてほしいです
友人・家族に話す
カウンセリングを受ける
SNSを活用する
不調な時こそ自分に優しくしてあげたいですね

実際に症状が出てしまった時のセルフケアは何かありますか?
症状にもよりますが…
イライラする時は自律神経が乱れて心身ともに緊張しているのでゆっくり深呼吸して心を落ち着かせましょう
ふー…
できることだけでもいいので ストレッチをするといいですね
むくみやだるさなら血流を改善させるためにシャワーを浴びて
シャワワ〜
お風呂にゆっくり浸かることでもリフレッシュできます
便秘であれば適度な運動をしたりお腹をやさしくマッサージしたり
「の」の字マッサージ
水分をよくとることも心がけましょう
セルフケアだけでも結構ありましたね…
1話に収めるつもりが2話になっちゃいました
セルフケアをしても生活に支障が出てしまうようであれば
無理せず病院に相談にきてくださいね

PMS·PMDD

教えて！高橋先生

# ミレーナ®はPMS・PMDDに効果はある？

**Fさん**

避妊効果のある低用量ピルがPMS・PMDDの改善に検討できるのであれば、避妊リングや子宮内避妊システムもPMS・PMDDの改善効果はあるのでしょうか？

**高橋先生**

IUD/IUSのことですね。どちらも子宮内に挿入する避妊方法で、IUSは月経困難症の改善効果も発揮します。IUDは子宮内に銅イオンを放出し、IUSは少量の黄体ホルモンを持続的に放出して、妊娠を防ぐことができます。けれど、どちらも子宮内で局所的に作用するため、PMSやPMDDのような全身に影響を与えるホルモンバランスの問題には効果が薄いと考えられます。

**Fさん**

排卵を抑えるわけではないから、女性ホルモンの変動によるPMS・PMDDの症状が抑えられるわけではない、ということですね。

**高橋先生**

しかし、IUSは月経困難症や過多月経を改善するので、生理痛がツラい方や出血量が多い方、生理が毎月起こることが負担に感じている方にはオススメですよ！

## 第6話

# 病院で治療スタート

なおたろーさんも？
？
長いこと婦人科に通ってるけど 内診台に座ったのは 子宮頸がん検診とカンジダ治療の時くらいですねぇ〜
あの内診台のイメージが強かったですが 治療にもよるんですね
←ウロコ
内診も必須ではありませんが 子宮や卵巣に異常がないか内診をすることもあります
PMs? PMDD?
子宮内膜症？
卵巣がん？
性交渉の経験がない もしくは器具を挿入することに抵抗がある方は お腹の上からのエコー検査もあるので 医師に相談してみるといいです！
婦人科の診察って ほかの科と比べて 未知の世界だったので…
風邪を引いたら内科 肌が荒れたら皮膚科に行くように 生理のことでつらければ気軽に婦人科にきてもらっていいんですよ
内科
皮膚科
婦人科

あと若い子が婦人科に行くと周りに妊娠してると思われるから行くのが恥ずかしいってイメージもありますよね
え!? どういうこと!?
うちの地元なんて婦人科の病院が2つくらいしかないからどこで誰に見られるやらって感じで…
あらっ なおたろさんもここの病院だったのー？
しょっちゅう知り合いに会う…
田舎あるあるかもしれないですけど…
そういうイメージを持っている人はまだまだいますよ
避妊の相談をしたいけど遊んでいると思われるかもしれないから 婦人科に行けない若い子もいるし
避妊の相談なんてできない…
子どもが婦人科に行きたがっても 拒否する親御さんもいます
理由は様々だと思いますが…
でも初潮から閉経 妊娠や出産 がん治療など 婦人科が女性たちにできる手助けってたくさんあるんです

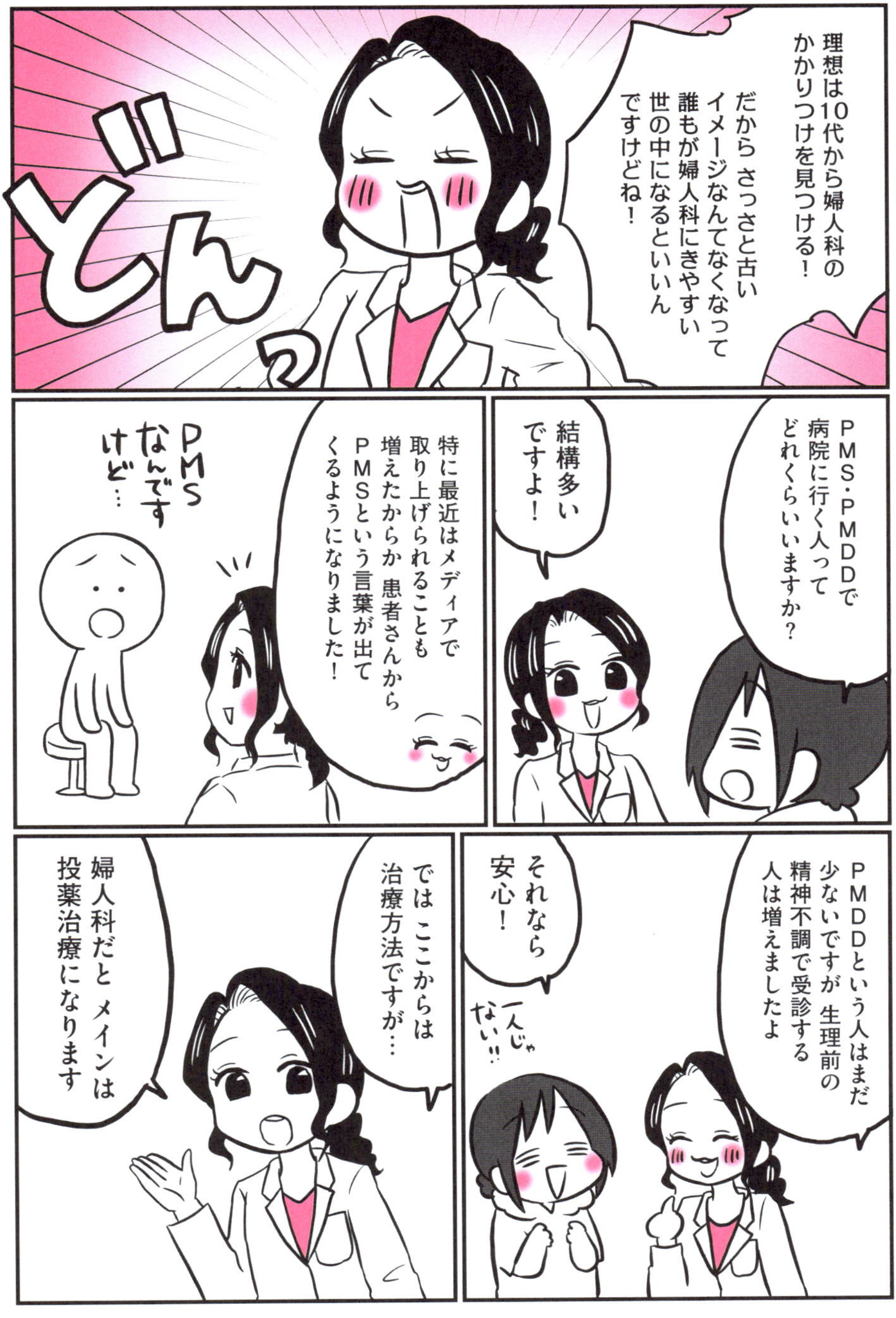
理想は10代から婦人科のかかりつけを見つける！
だから さっさと古いイメージなんてなくなって誰もが婦人科にきやすい世の中になるといいんですけどね！
どんっ
PMS・PMDDで病院に行く人ってどれくらいいますか？
結構多いですよ！
特に最近はメディアで取り上げられることも増えたからか 患者さんからPMSという言葉が出てくるようになりました！
PMSなんですけど…
PMDDという人はまだ少ないですが 生理前の精神不調で受診する人は増えましたよ
それなら安心！
一人じゃない!!
では ここからは治療方法ですが…
婦人科だと メインは投薬治療になります

PMS・PMDDを改善するための選択肢となる薬は 主にこの3つ
・低用量ピル
・ジエノゲスト
・漢方薬
この3つの効果・服用方法・値段などについて説明していきますね
まずは低用量ピルについて!
コロリン
低用量ピルについて
ジエノゲスト
漢方
低用量ピルって避妊薬のイメージ…
ピル＝避妊?
経口避妊薬とも呼ばれますしね
避妊のための薬と思う人も少なくないですが月経困難症と共にPMS・PMDDも改善できますよ
PMS
PMDD
月経困難症
過多月経
ニキビ など
女性にとってのメリットもたくさん!
簡単に言うと低用量ピルは排卵を止めることができるお薬なのです
排卵を止める!?
生理の仕組みは 脳からの指令で女性ホルモンを出したり抑えたりすると説明しましたが…
排卵すんで〜
排卵準備よーい!!
NOUMISO
視床下部
下垂体
卵胞ホルモン
成熟卵胞
排卵
黄体
黄体ホルモン

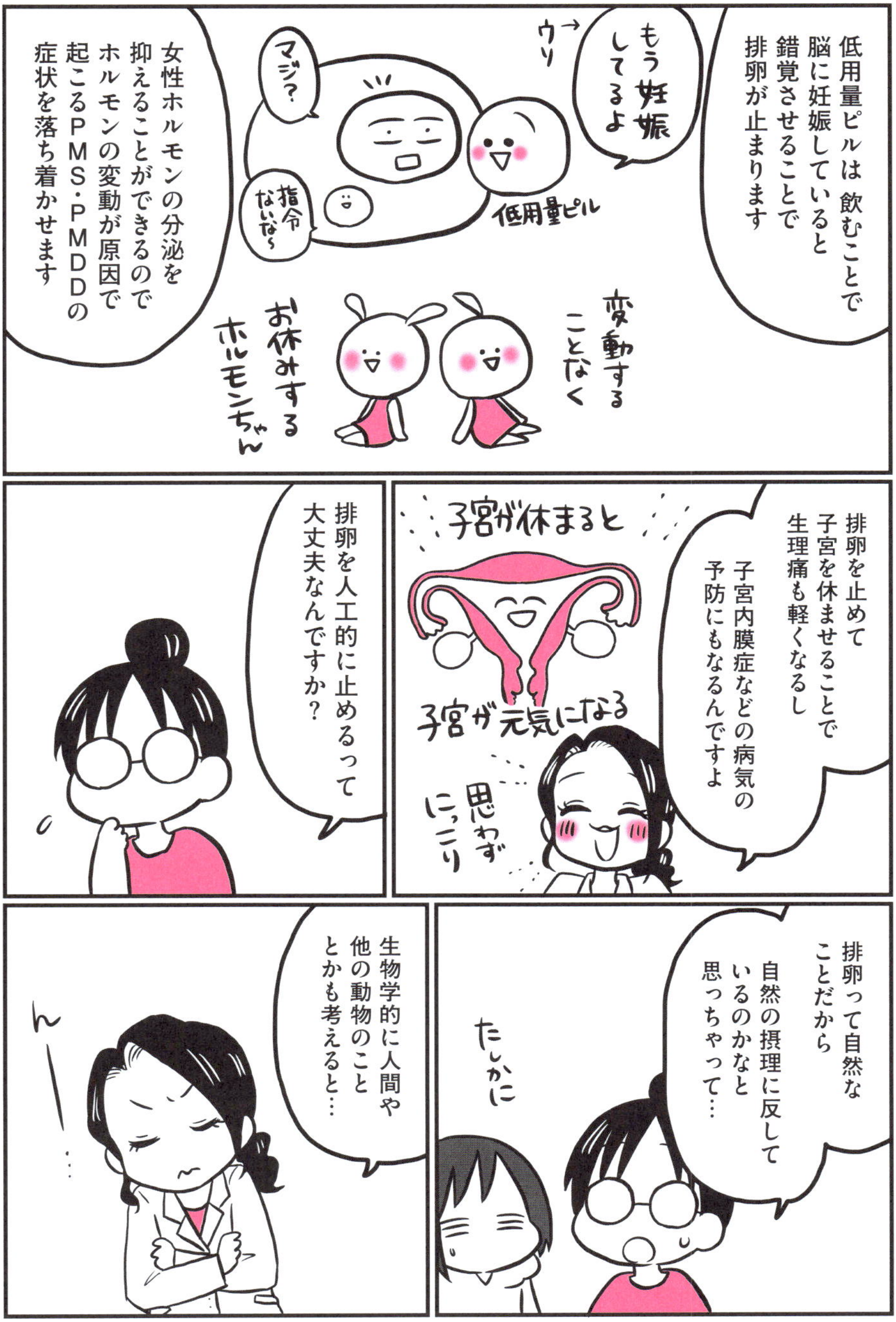
低用量ピルは飲むことで脳に妊娠していると錯覚させることで排卵が止まります
もう妊娠してるよ
ウソ→
低用量ピル
マジ？
指令ないな〜
変動することなく
お休みするホルモンちゃん
女性ホルモンの分泌を抑えることができるのでホルモンの変動が原因で起こるPMS・PMDDの症状を落ち着かせます
排卵を止めて子宮を休ませることで生理痛も軽くなるし
子宮内膜症などの病気の予防にもなるんですよ
子宮が休まると
子宮が元気になる
思わずにっこり
排卵を人工的に止めるって大丈夫なんですか？
排卵って自然なことだから
自然の摂理に反しているのかなと思っちゃって…
たしかに
生物学的に人間や他の動物のこととかも考えると…
ん—…

次の世代にたくさん子孫を残すというのが自然の摂理でそうやって子孫が残ってきたわけですけど…
妊娠をしないのに排卵が起こっていることのほうが生物学的には不自然なんです
妊娠しないのに排卵することが不自然？
？
えっと そもそも子宮って生理がそんなに起こるように作られていないんですよ
えっ
昔は5人 6人 10人とか子どもを産んで当たり前な時代があったんですよ
妊娠出産を繰り返していたので生理が止まっている期間も長く
人生で50回くらいしか生理がなかったんです
人生で経験する生理の回数
約50回!!
少なッ！

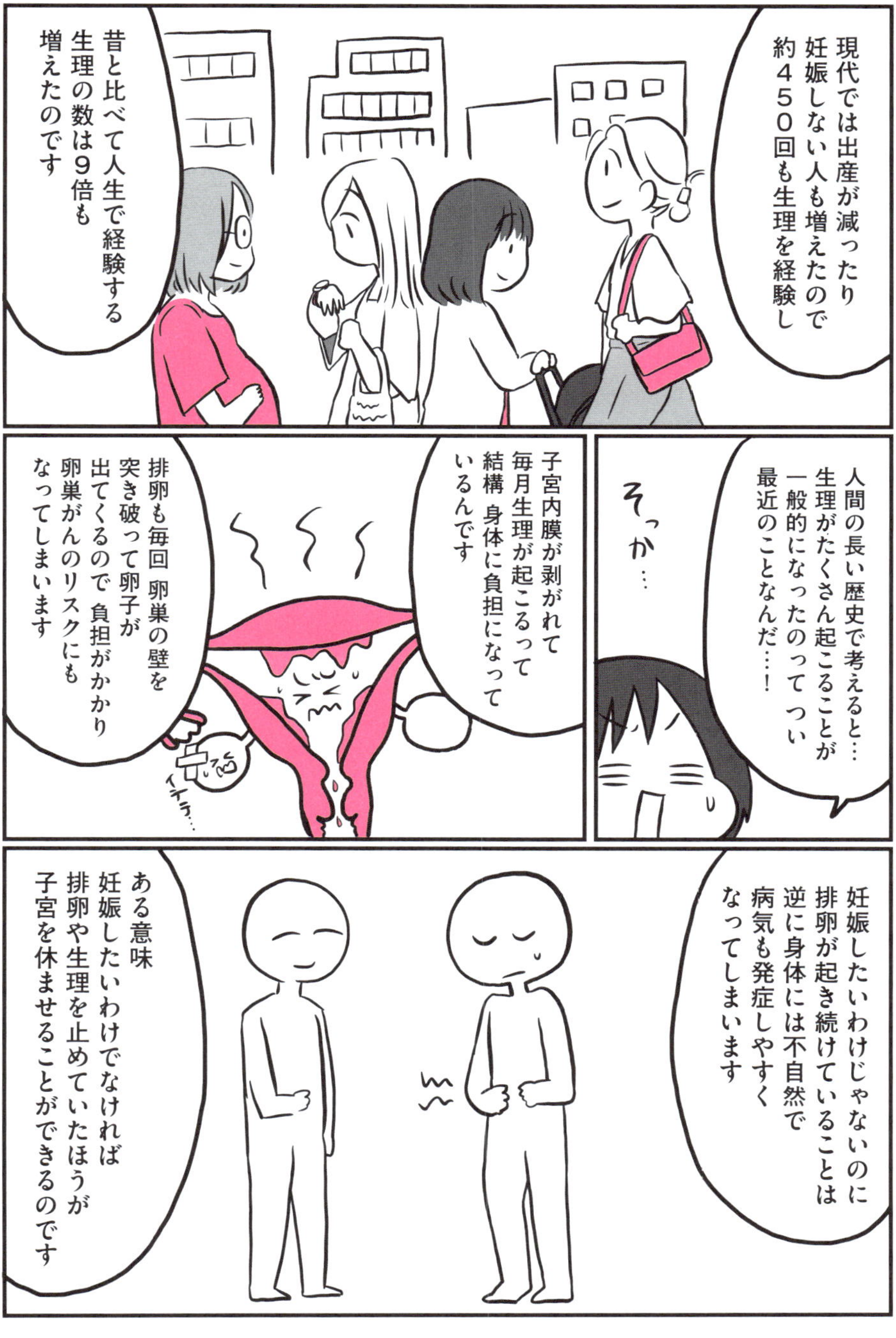
現代では出産が減ったり 妊娠しない人も増えたので 約450回も生理を経験し
昔と比べて人生で経験する生理の数は9倍も増えたのです
人間の長い歴史で考えると… 生理がたくさん起こることが一般的になったのって つい最近のことなんだ…!
そっか…
子宮内膜が剥がれて 毎月生理が起こるって 結構 身体に負担になっているんです
排卵も毎回 卵巣の壁を突き破って卵子が出てくるので 負担がかかり 卵巣がんのリスクにもなってしまいます
イテテ…
妊娠したいわけじゃないのに 排卵が起き続けていることは 逆に身体には不自然で 病気も発症しやすくなってしまいます
ある意味 妊娠したいわけでなければ 排卵や生理を止めていたほうが 子宮を休ませることができるのです

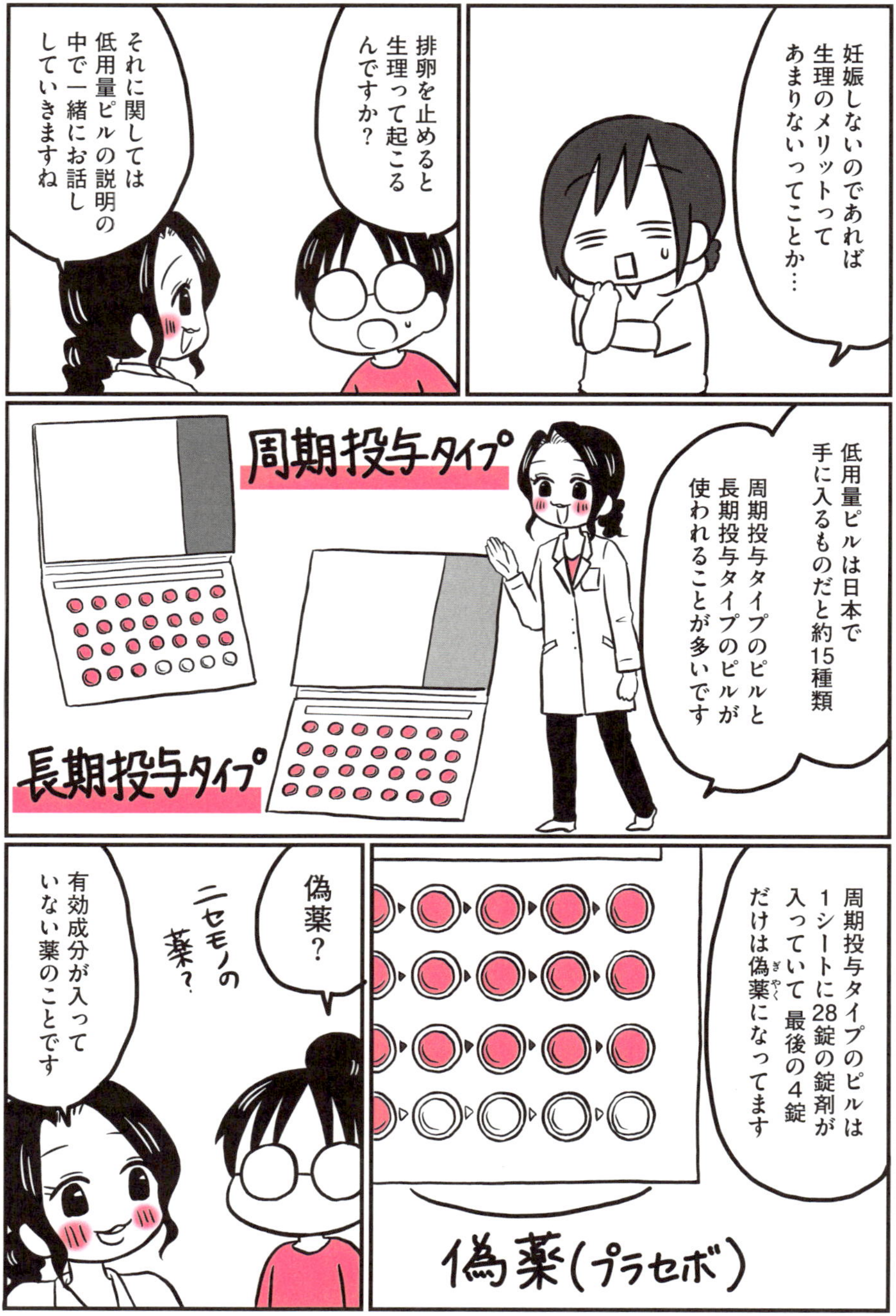


※周期投与タイプには、錠剤と偽薬の数が異なるもの、偽薬ではなく休薬をとるものもあります

24日間
4日間
24日間
4日間
ピルのむ
偽薬
ピルのむ
偽薬
生理
生理
偽薬を飲む4日間はピルを休薬することになります
生理はこの期間に起こるのです
偽薬を飲む理由は服用を習慣化させ飲み忘れないようにするため
1シート全部飲みおわったら2シート目にうつります
そっか ピルを毎日飲むことで生理の周期を一定にさせるんだ!
正確に言うと この時の出血は生理ではなく消退出血《しょうたいしゅっけつ》と言います
5日前後の出血が続くのは通常の生理と一緒ですが経血量が少ないのが特徴です
私 日中でも夜用ナプキン必須だったんですけど今は昼用しか買ってません
最&高
経血量減って 生理痛もほとんどなくなってものすごく快適です!
なおたろーさんも周期投与タイプのピルなんですか?
最初は周期投与だったんですけど
休薬期間にPMDDの症状が出てしまうことがあって…

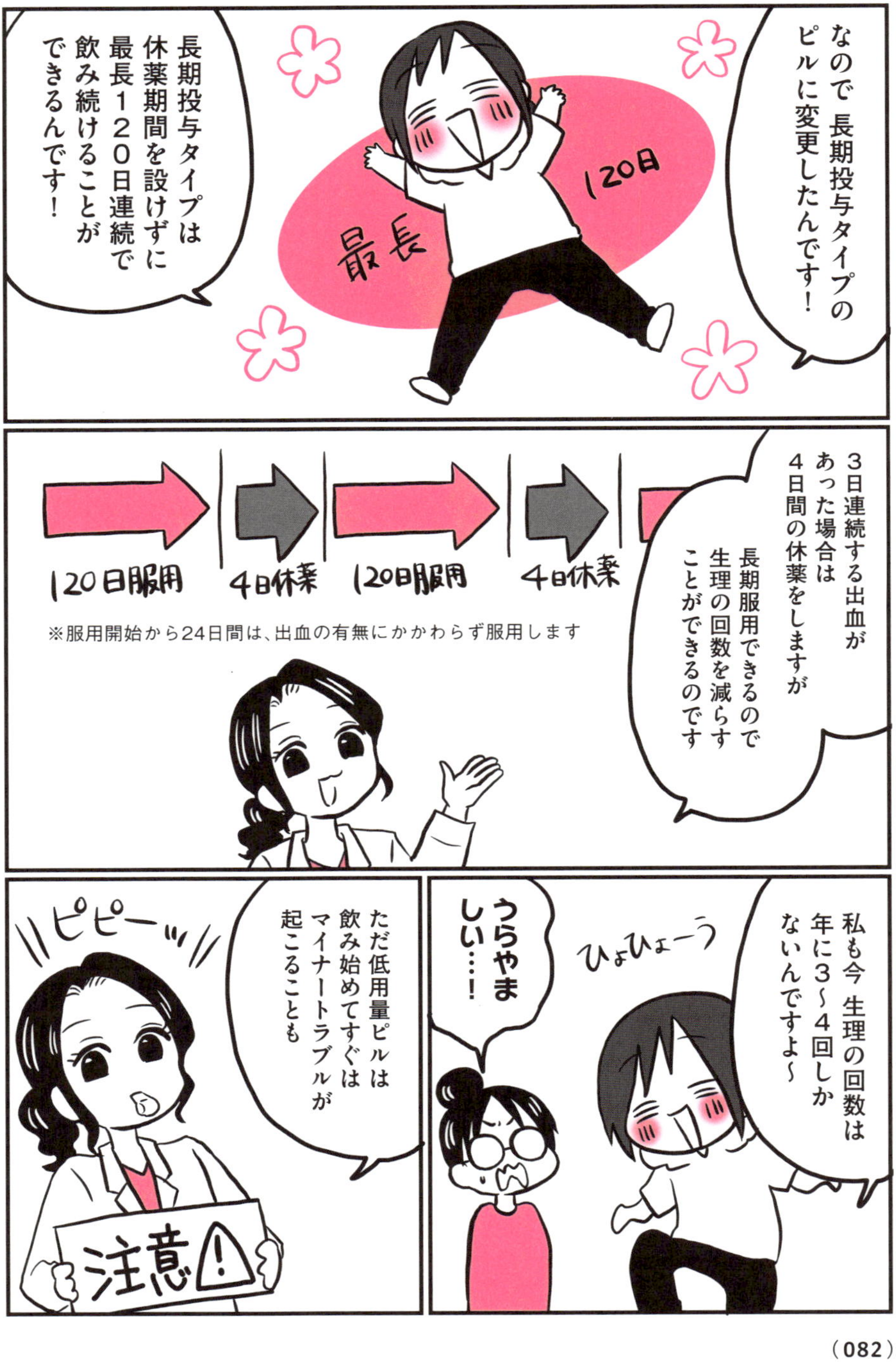
なので 長期投与タイプのピルに変更したんです！
最長
120日
長期投与タイプは休薬期間を設けずに最長１２０日連続で飲み続けることができるんです！
３日連続する出血があった場合は４日間の休薬をしますが
長期服用できるので生理の回数を減らすことができるのです
120日服用
4日休薬
120日服用
4日休薬
※服用開始から24日間は、出血の有無にかかわらず服用します
私も今 生理の回数は年に３～４回しかないんですよ～
ひょひょーう
うらやましい…！
ただ低用量ピルは飲み始めてすぐはマイナートラブルが起こることも
ピピーッ
注意

ホルモンの影響で頭痛や吐き気むくみや不正出血が起こりやすいです
多くの場合は飲み続けると落ち着いてきますが長引いたり悪化するようなら医師に相談しましょう
・眠気 ・むくみ ・不正出血 ・めまい
・吐き気 ・乳房の張り ・下腹部痛 ・倦怠感 など
注意
私も飲み始めの数日は少しだけ頭痛がありました
しばらくしたらおちついた
確かにピルって副作用が怖いイメージありますね…
がんになりやすいとか不妊になるとか太りやすいとか聞いたこともあるし…
副作用の可能性はありますが そのへんはデマなんですよ…
次回は低用量ピルの副作用についてと
副作用が少ないジエノゲストについてお話しします!
NEXT
・低用量ピルの副作用
・ジエノゲスト
副作用が少ない!?
気になる!

# 自分に合った治療法を選ぼう！

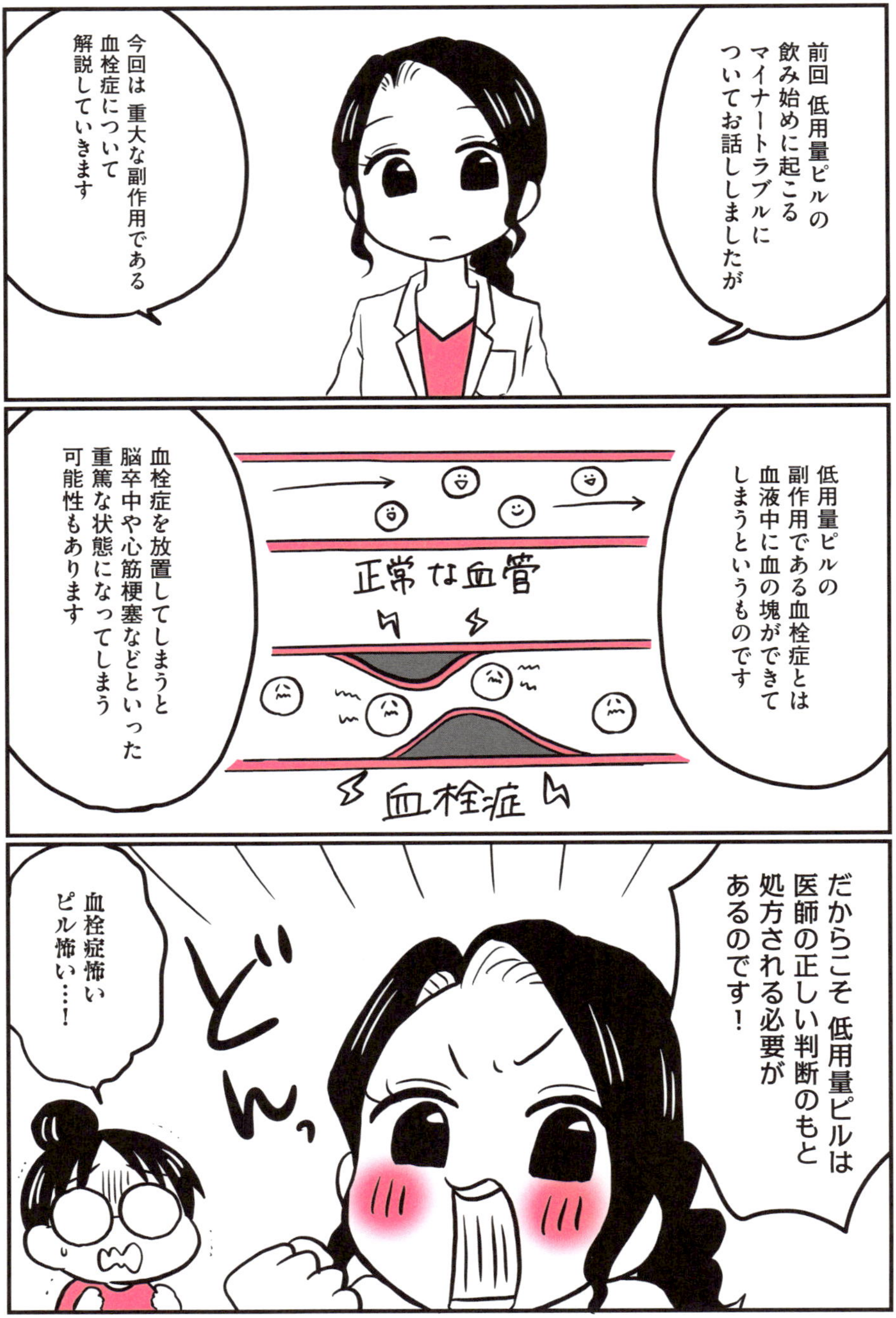

私もめっちゃビビリなので…
初めてピルを飲んだ日は生きるか死ぬかの覚悟で飲みましたよ…
はぁ…
はぁ…
決死の覚悟！
デッドオアアライブ…
血栓症が起こるとしたらたいていは予兆があります
・足のむくみ 痛み 痺れ
・ふくらはぎの痛み だるさ
・激しい胸痛 呼吸が苦しい
・激しい頭痛
・目がチカチカするなど予兆のある頭痛
・めまい 目がかすむ 視野が狭くなる
・舌のもつれ 喋りにくい 失神や痙攣
血栓症の予兆があればすぐに医師に相談しましょう
やっぱり怖いですね…
ピルを飲むことによってどれくらい血栓症リスクが上がるんですか？
それについてはこちらをご覧ください
よいしょっ

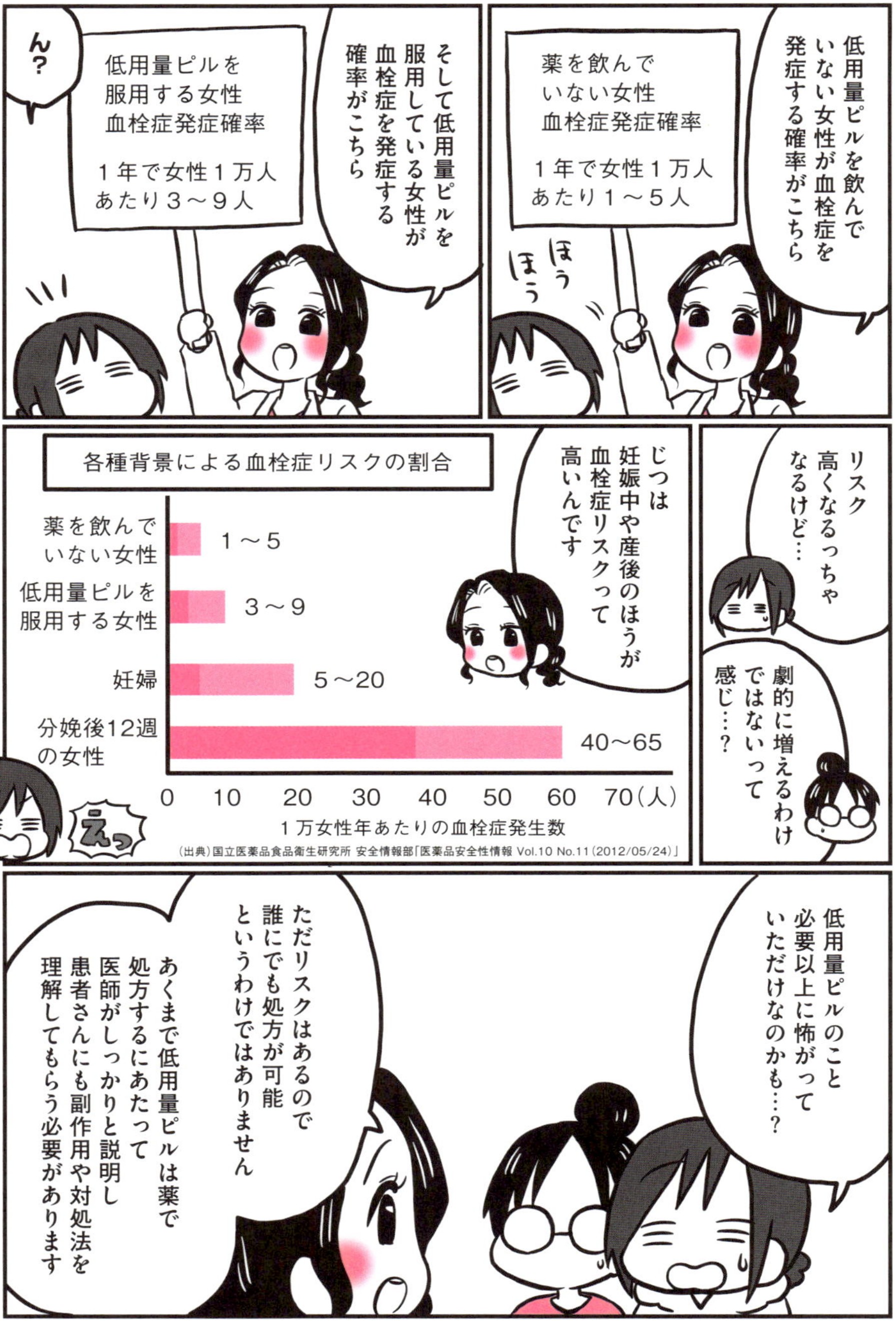
低用量ピルを飲んでいない女性が血栓症を発症する確率がこちら
薬を飲んでいない女性 血栓症発症確率
1年で女性1万人あたり1〜5人
ほうほう
そして低用量ピルを服用している女性が血栓症を発症する確率がこちら
低用量ピルを服用する女性 血栓症発症確率
1年で女性1万人あたり3〜9人
ん？
リスク高くなるっちゃなるけど…
劇的に増えるわけではないって感じ…？
じつは妊娠中や産後のほうが血栓症リスクって高いんです
各種背景による血栓症リスクの割合
薬を飲んでいない女性 1〜5
低用量ピルを服用する女性 3〜9
妊婦 5〜20
分娩後12週の女性 40〜65
0 10 20 30 40 50 60 70（人）
1万女性年あたりの血栓症発生数
（出典）国立医薬品食品衛生研究所 安全情報部「医薬品安全性情報 Vol.10 No.11（2012/05/24）」
えっ
低用量ピルのこと必要以上に怖がっていただけなのかも…？
ただリスクはあるので誰にでも処方が可能というわけではありません
あくまで低用量ピルは薬で処方するにあたって医師がしっかりと説明し患者さんにも副作用や対処法を理解してもらう必要があります

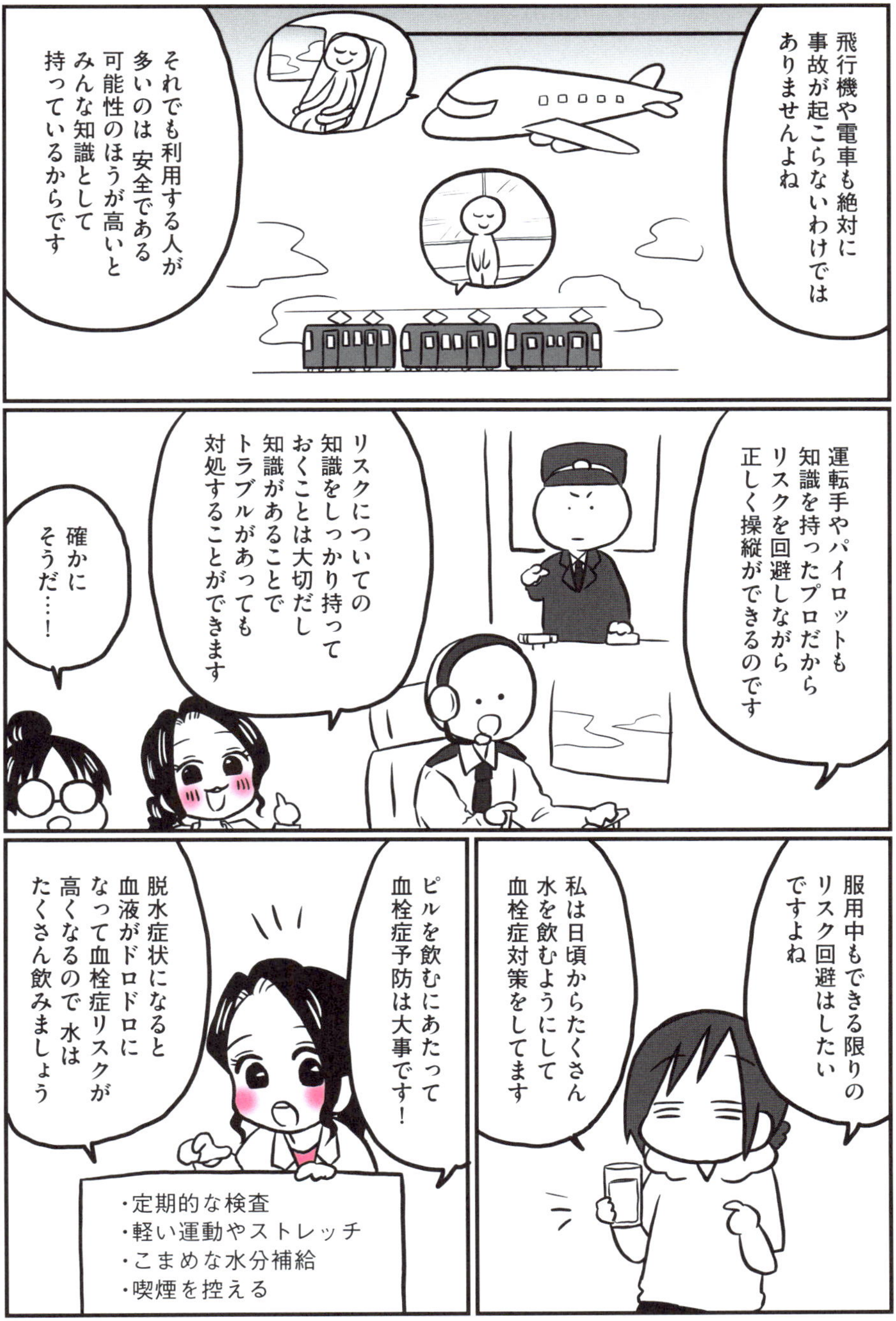
飛行機や電車も絶対に事故が起こらないわけではありませんよね
それでも利用する人が多いのは 安全である可能性のほうが高いとみんな知識として持っているからです
運転手やパイロットも知識を持ったプロだからリスクを回避しながら正しく操縦ができるのです
リスクについての知識をしっかり持っておくことは大切だし知識があることでトラブルがあっても対処することができます
確かにそうだ…!
服用中もできる限りのリスク回避はしたいですよね
私は日頃からたくさん水を飲むようにして血栓症対策をしてます
ピルを飲むにあたって血栓症予防は大事です!
脱水症状になると血液がドロドロになって血栓症リスクが高くなるので 水はたくさん飲みましょう
・定期的な検査
・軽い運動やストレッチ
・こまめな水分補給
・喫煙を控える

そして低用量ピルで
血栓症を起こしやすい人は
このような方がたです
・35歳以上でヘビースモーカー
・40歳以上の人
・心血管の異常がある人
・前兆のある頭痛がある人
・糖尿病の人
・乳がんや子宮体がんを
発症したことがある人
・高血圧症の人
・BMIが30以上の人
・血栓症に関する病気に
かかったことがある人
・肝機能障害がある（あった）人
・腎疾患を持つ人　など…
リスクがあるからこそ
厳しい服用制限が
あるんですね
医師の判断で慎重投与に
なる場合もありますが
生活習慣や健康状態に
よっては 服用できない
人もいます
じゃあ低用量ピルを
あきらめるしか
ないんですか？
そんな
方には！
キラーン
ジエノゲストが
あります！
ジエノゲスト？
ジエノゲスト錠
0.5mg
ジエノゲストは
低用量ピルと違って
卵胞ホルモンが含まれて
いない黄体ホルモンのみの
お薬なんです
あたいだけ
入ってるわ

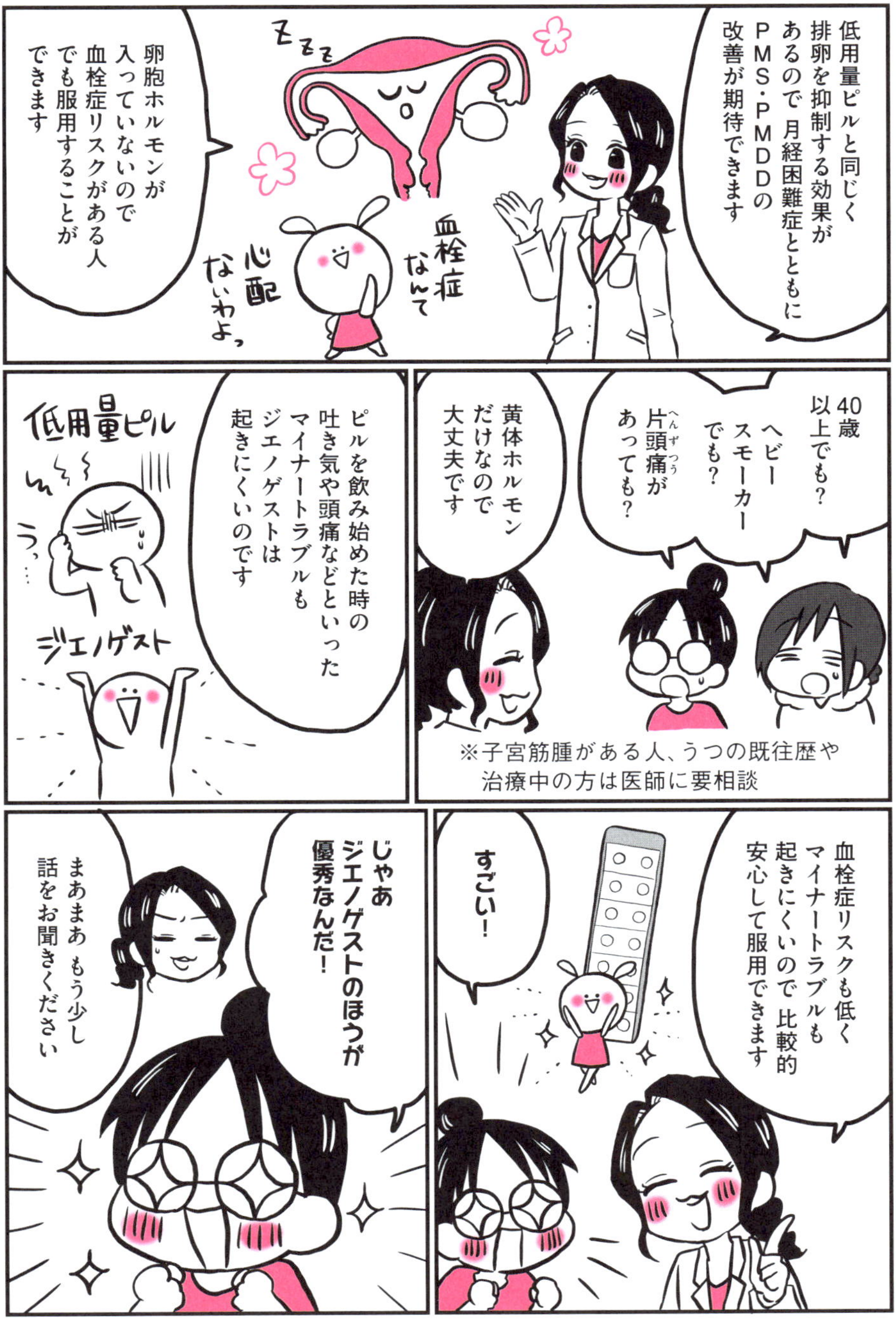
低用量ピルと同じく排卵を抑制する効果があるので月経困難症とともにPMS・PMDDの改善が期待できます
Zzz
血栓症なんて心配ないわよっ
卵胞ホルモンが入っていないので血栓症リスクがある人でも服用することができます
40歳以上でも？
ヘビースモーカーでも？
片頭痛《へんずつう》があっても？
黄体ホルモンだけなので大丈夫です
※子宮筋腫がある人、うつの既往歴や治療中の方は医師に要相談
ピルを飲み始めた時の吐き気や頭痛などといったマイナートラブルもジエノゲストは起きにくいのです
低用量ピル
うっ…
ジエノゲスト
血栓症リスクも低くマイナートラブルも起きにくいので比較的安心して服用できます
すごい！
じゃあジエノゲストのほうが優秀なんだ！
まあまあ もう少し話をお聞きください

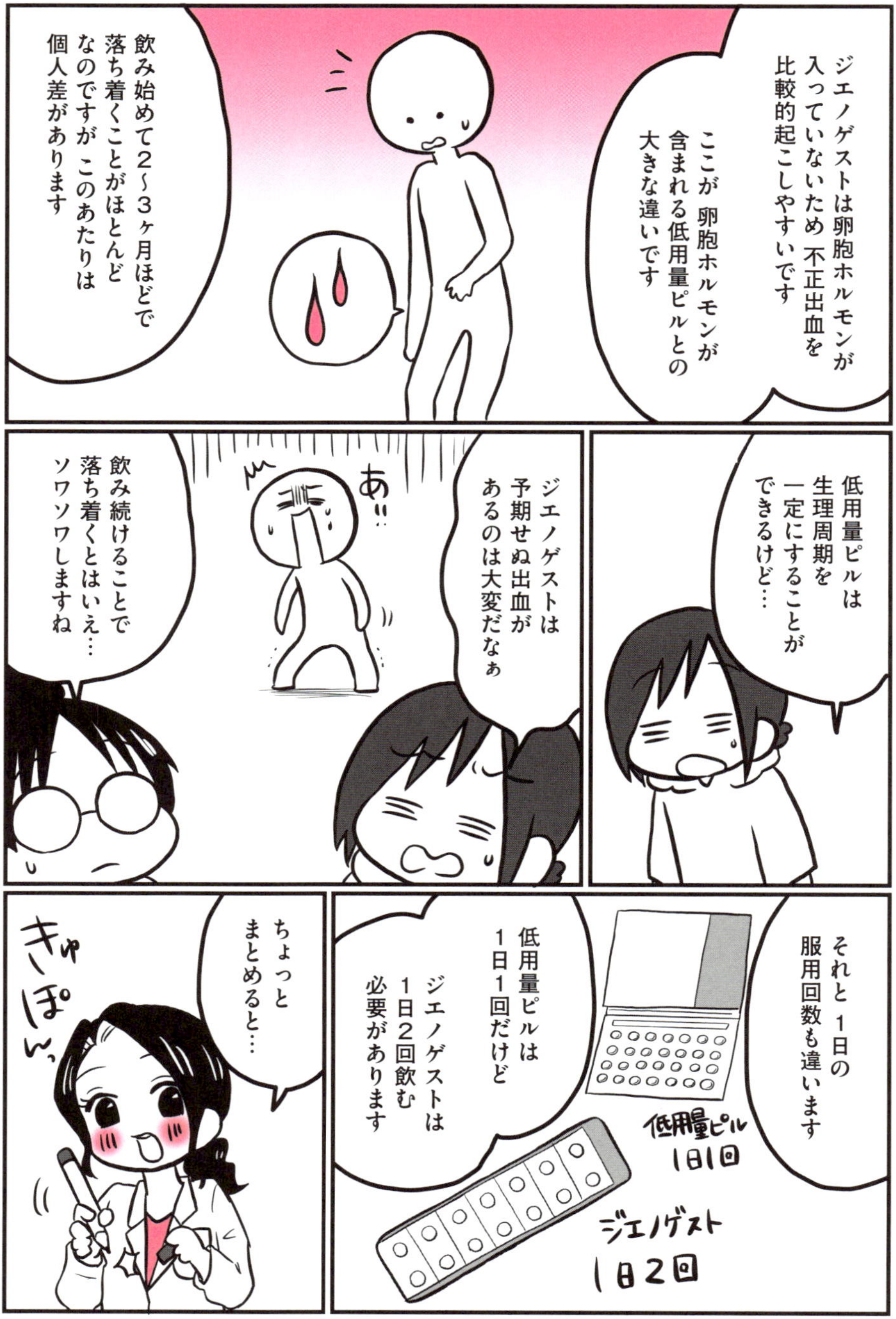
ジエノゲストは卵胞ホルモンが入っていないため 不正出血を比較的起こしやすいです
ここが 卵胞ホルモンが含まれる低用量ピルとの大きな違いです
飲み始めて2～3ヶ月ほどで落ち着くことがほとんどなのですが このあたりは個人差があります
低用量ピルは生理周期を一定にすることができるけど…
あ!!
ジエノゲストは予期せぬ出血があるのは大変だなぁ
飲み続けることで落ち着くとはいえ…ソワソワしますね
それと 1日の服用回数も違います
低用量ピルは1日1回だけど
ジエノゲストは1日2回飲む必要があります
低用量ピル 1日1回
ジエノゲスト 1日2回
ちょっとまとめると…
きゅぽんっ

| | 低用量ピル | ジエノゲスト |
|---|---|---|
| 含まれる女性ホルモン | 卵胞ホルモンと黄体ホルモン | 黄体ホルモン |
| 飲み始めのマイナートラブル | 起こることもある(個人差あり) | 少ない |
| 血栓症リスク | 上がる | 上がらない |
| 不正出血 | 種類によってはあり | 飲み始めに多い |
| 1日の服用回数 | 1日1回 | 1日2回 |
| 避妊効果 | あり | なし |

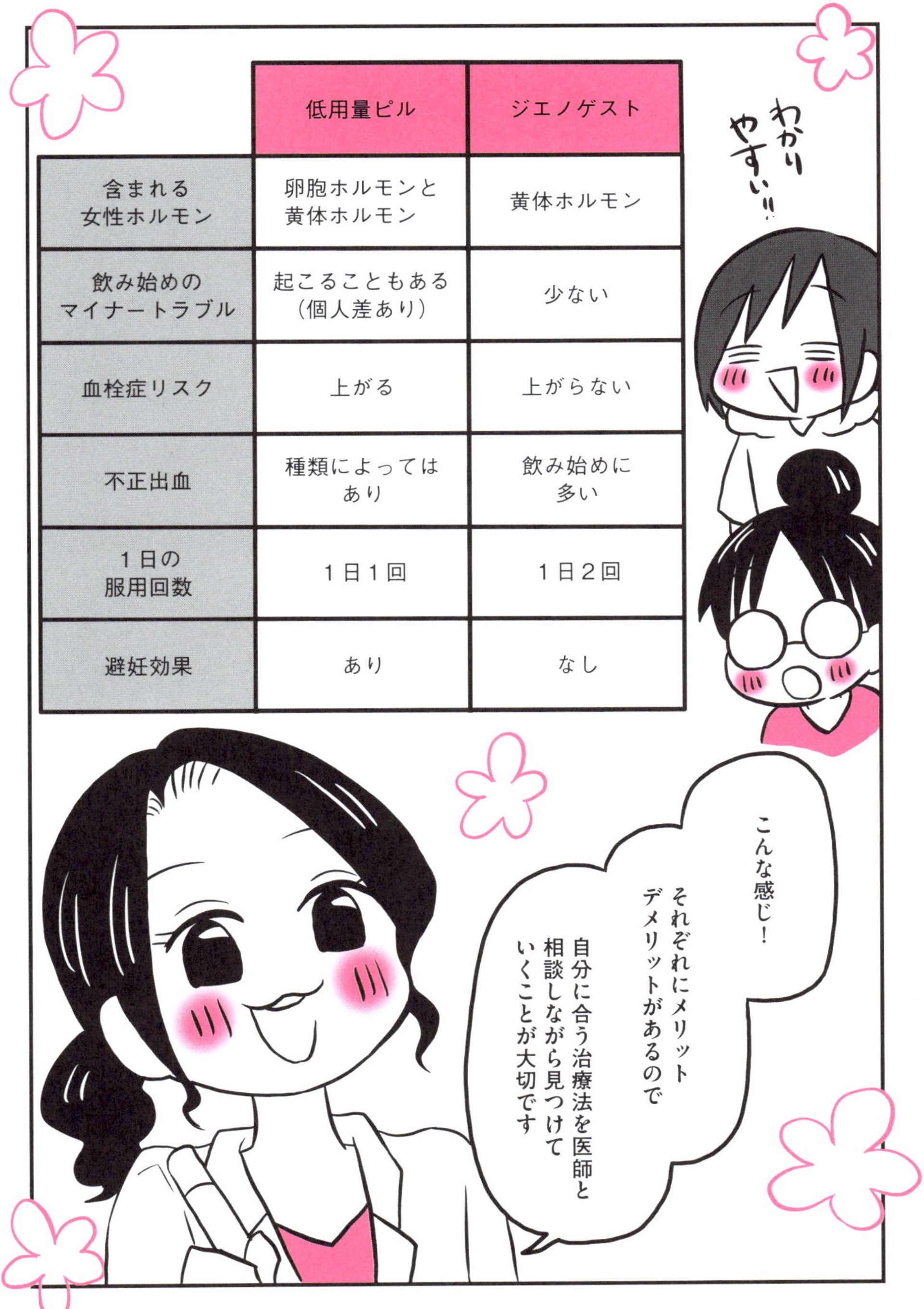
わかりやすい!!
こんな感じ! それぞれにメリットデメリットがあるので自分に合う治療法を医師と相談しながら見つけていくことが大切です

人によっては いろんなパターンが あるもんなぁ…
喫煙者だから
低用量ピルのリスクが不安
ピルのマイナートラブルが辛かった
ジエノゲストをチョイス!!
1日2回の服用は忘れちゃいそう
不正出血が少ない方がいい
避妊もしたい
低用量ピルをチョイス!!
ていうか私 ジエノゲストって名前 初めて知りました
わりと最近発売された お薬なので 認知度は まだまだ低いんです
?
さっきの表の中で 気になったんですけど ジエノゲストには 避妊効果がないん ですか？
低用量ピルには 避妊効果は 認められていますが
低用量ピル
避妊効果あり
ジエノゲスト
避妊の適応なし
避妊希望 ならコンドーム等 を使おうね
ジエノゲストは まれに排卵が起こって しまうので 避妊効果は 期待できないのです
※妊娠を希望するのであれば、ジエノゲストの服用を中止します

避妊効果も必要であれば 低用量ピルを選択するのがいいかなと思いますし
CHOICE!
低用量ピル
ジエノゲスト
医療機関によっては海外からミニピルを輸入して管理処方しているところもあります
ミニピル？
ミニピルはジエノゲストと同じような黄体ホルモンだけの薬で排卵の抑制効果も高いので避妊効果が高いです
ミニピル
黄体ホルモンのみの
単体ホルモン剤
今は保険適用外ですが近々 日本でもミニピルが承認されると思いますよ
毎日同じ時間に服用しないと効果は低くなってしまうけどジエノゲストと同じく血栓症リスクがある人でも服用できます
避妊もできるってすごい！
って…避妊効果を求めると はしたないって思われるかな…
!!

いやいや！
避妊効果を求めることは決して悪いことではありませんよ！
自分の心と身体を守る大切なことです！
ただ低用量ピルだけでは性感染症は予防できないのでコンドームは必須だし
コンドーム
性交時、男性器につける袋状のゴム。妊娠や性感染症のリスクを大幅に減らせる。女性用のものもあるよ！
性感染症とは？
主に性的接触を（性交渉、口や喉と性器・肛門の接触 性器と手や体の接触）通じて感染する病気。クラミジア、淋病、梅毒、HIV、HPV（ヒトパピローマウイルス）など
ピルだって体調不良で吸収不良なんてこともあるから 避妊をピルに頼りきりなのはよくないです
ピル＝はしたないってイメージが日本に根強くあるせいで 変なイメージやデマが広がってるけど…
ピル？遊んでるの？
体に悪いよ
不妊症になる
今メディアで生理やPMS・PMDDのことが多く取り上げられているからこそ考え方をアップデートしなければならないと常々思うのです
私、ピル飲んでいて…
そうなんだ!!
だからピルを飲む人が遊んでいるという偏見は取っ払いましょう！

※リバウンド効果には個人差があります

# PMS・PMDD

教えて！高橋先生

# ピルっていつまで飲める？

**なおたろー**

私は20代のころから低用量ピルを服用しているのですが、何歳までピルを飲み続けることができるのでしょうか？

**高橋先生**

個人の健康状態や医師の判断によって異なりますが、健康に問題がない限り、閉経（50歳未満）もしくは50歳の誕生日がくるまで服用可能とされています。
ただし、ピル内服に伴いリスクのある方（年齢、基礎疾患など）は個々に応じて変わる場合があります。
40代からの新規投与にはリスクがありますが、継続的にピルを服用している人が40代になって、いきなり血栓症リスクが上がるわけではないのです。

**なおたろー**

ピルの効果やライフステージの変化に応じて、医師と相談しながら調節するけど、問題がなければ40歳以上でも飲み続けられるということですね。

**高橋先生**

40歳以上となると、低用量ピルは慎重投与となるので、ジエノゲストやミニピル、IUSなどに変更することも選択肢の一つではあります。
また、妊娠をしたいと思った時は、ピルの服用をやめる必要がありますので、気になることがあれば医師に相談してみてください。

第8話

# 続・自分に合った治療法を選ぼう！

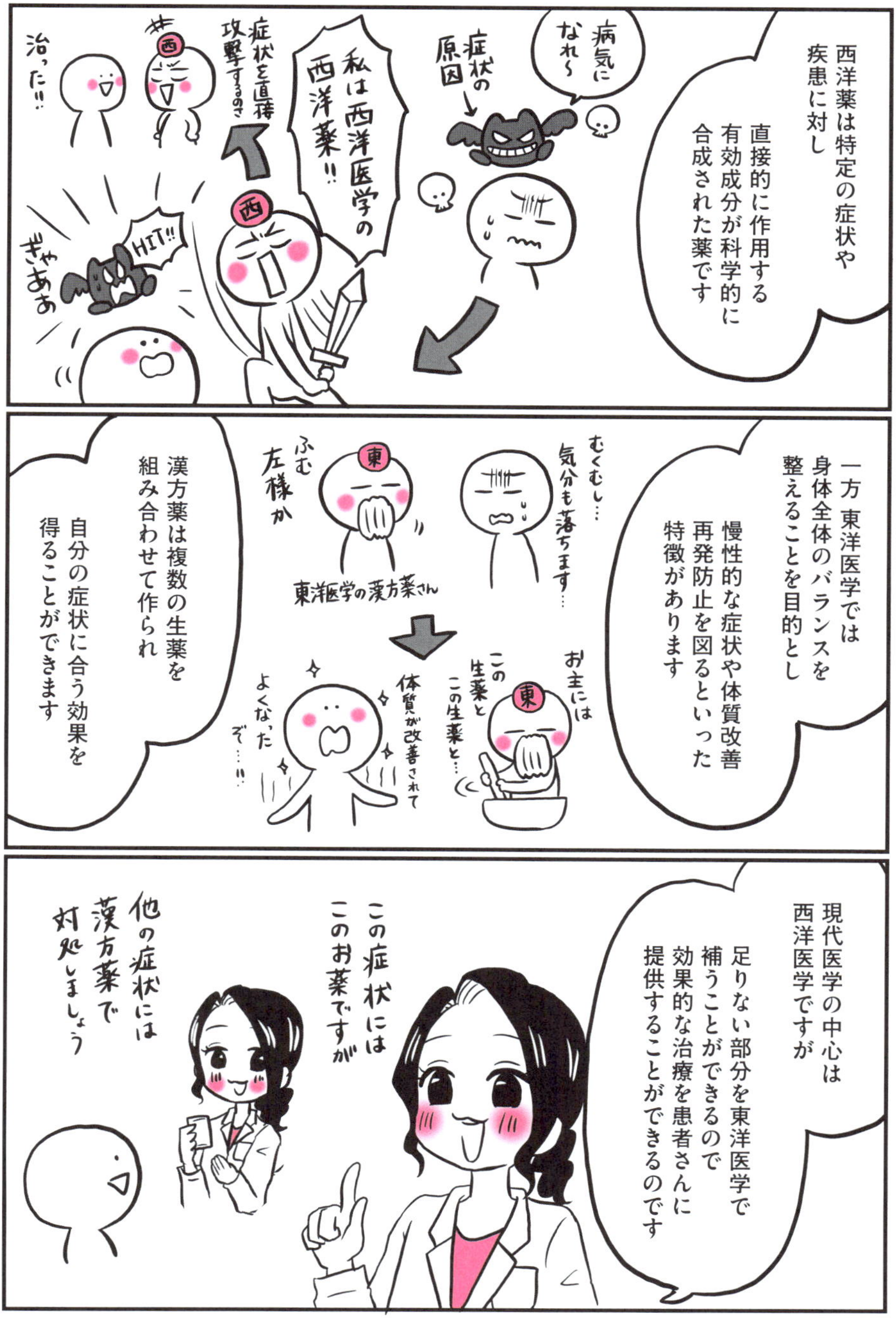

西洋薬は特定の症状や疾患に対し
直接的に作用する有効成分が科学的に合成された薬です
病気になれ〜
症状の原因
私は西洋医学の西洋薬!!
西
症状を直接攻撃するのさ
HIT!!
ぎゃああ
治った!!
一方 東洋医学では身体全体のバランスを整えることを目的とし
慢性的な症状や体質改善 再発防止を図るといった特徴があります
むくむし… 気分も落ちます…
東
ふむ 左様か
東洋医学の漢方薬さん
お主には この生薬と この生薬と…
体質が改善されて
よくなったぞ…!!
漢方薬は複数の生薬を組み合わせて作られ
自分の症状に合う効果を得ることができます
現代医学の中心は西洋医学ですが
足りない部分を東洋医学で補うことができるので 効果的な治療を患者さんに提供することができるのです
この症状にはこのお薬ですが
他の症状には漢方薬で対処しましょう

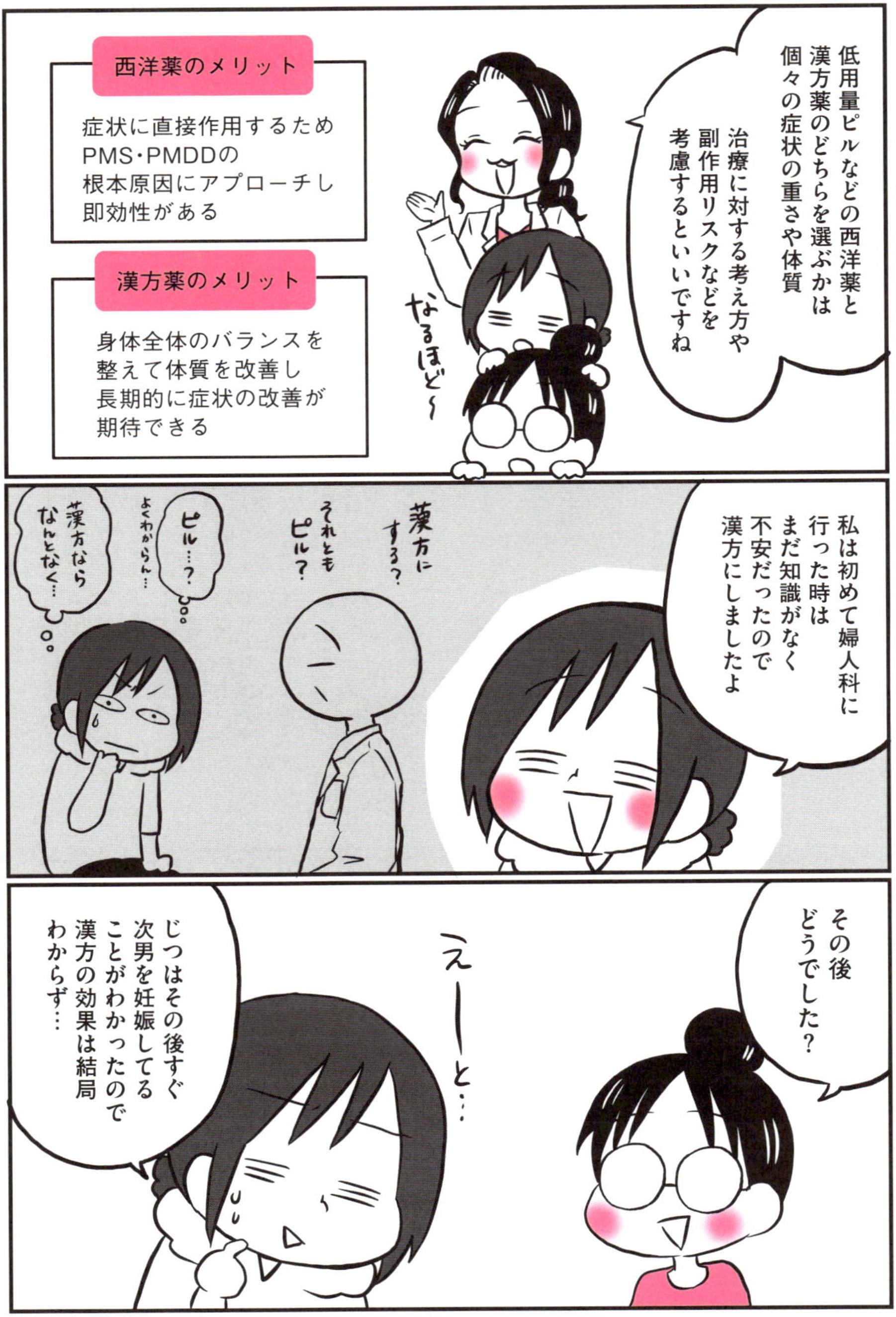

低用量ピルなどの西洋薬と漢方薬のどちらを選ぶかは個々の症状の重さや体質
治療に対する考え方や副作用リスクなどを考慮するといいですね
西洋薬のメリット
症状に直接作用するためPMS・PMDDの根本原因にアプローチし即効性がある
漢方薬のメリット
身体全体のバランスを整えて体質を改善し長期的に症状の改善が期待できる
なるほど~
私は初めて婦人科に行った時はまだ知識がなく不安だったので漢方にしましたよ
漢方にする?
それともピル?
ピル…?
よくわからん…
漢方ならなんとなく…
その後どうでした?
えーーと…
じつはその後すぐ次男を妊娠してることがわかったので漢方の効果は結局わからず…

妊娠している状態は
ピルを飲んでいる時と
同じ状態なので症状が
出なかったんですね
へ…
次男を出産して
しばらくすると突然
うつ症状が出てしまい
戸惑っていたら数日後
生理が再開しました
なんで…?
なんで
いきなり…?
数日後
生理《おまえ》のせいかーー!!
W.C.
でも産後に
ピルのことや
身体の仕組みのことを
自分なりに勉強して
ホルモンの
変動を
一定に
させる…?
生理のコト
私にはピルが合ってる
のかもと思って 病院で
相談してピルを飲む
ことにしたんですよ
ピル飲んで
みようと
思ってるん
ですけど…
私のブログ読者さんでも
いろんなタイプの人がいたので
合う合わないは
人それぞれなんだなぁ
って思いましたね
私はピルより
漢方の方が合ってた
私はピルの方が
合ってた

もちろん医師も問診の際に患者さんに合いそうな治療法を提案しますが
その薬が実際に合うかどうかは 一定期間飲んでみないとわからないことが多いです
一人ひとり体質や反応は異なりますし
人によっては効果が表れるまでに時間がかかることもあります
改善が見込めなかったり副作用の有無によっては薬の調節や別の薬への変更が必要になることも
Change!
3
2
1
なので 飲み始めはお試し期間として服用し
医師と一緒に最適な治療法を模索していきましょう

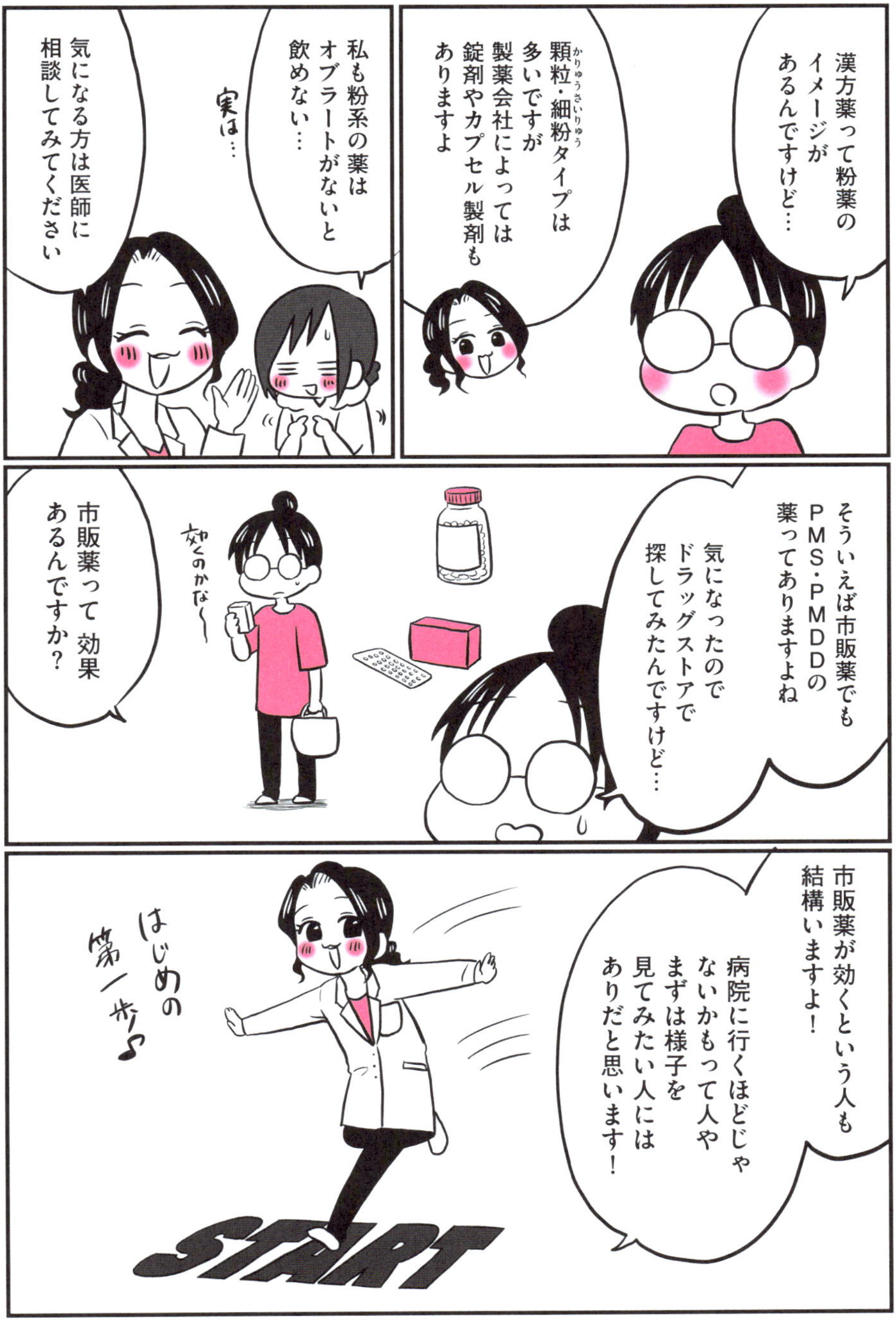
漢方薬って粉薬のイメージがあるんですけど…
顆粒《かりゅう》・細粒《さいりゅう》タイプは多いですが製薬会社によっては錠剤やカプセル製剤もありますよ
実は…
私も粉系の薬はオブラートがないと飲めない…
気になる方は医師に相談してみてください
そういえば市販薬でもPMS・PMDDの薬ってありますよね
気になったのでドラッグストアで探してみたんですけど…
効くのかな〜
市販薬って効果あるんですか？
市販薬が効くという人も結構いますよ！
病院に行くほどじゃないかもって人やまずは様子を見てみたい人にはありだと思います！
はじめの第一歩♪
START

市販薬って婦人科で出すような漢方がちょこっとずつ入っているんです
ものによっては西洋ハーブを使ったものも
市販薬
一ヶ月分 約2000〜5000円
保険適用
一ヶ月分 約800〜3000円
でも病院にきてもらえば 保険適用で漢方を処方できますよ
気軽に買えるけど毎日飲むとなると高くつくってことか〜
お薬代だけでいえば病院のほうが安上がりですね
婦人科は予約が必要になる病院が多いので受診日までは市販薬を飲むって使い方もあり！
時間がない人や迷っている人には市販薬はいい選択肢だし
ちょっと試してみよう
市販薬の効果や手軽さが気に入ればそれもOKだと思います
若い学生さんたちは服用可能年齢を要チェックしてね
15〜18歳以上じゃないと飲めないものもあるので
困ったら婦人科を頼ってね

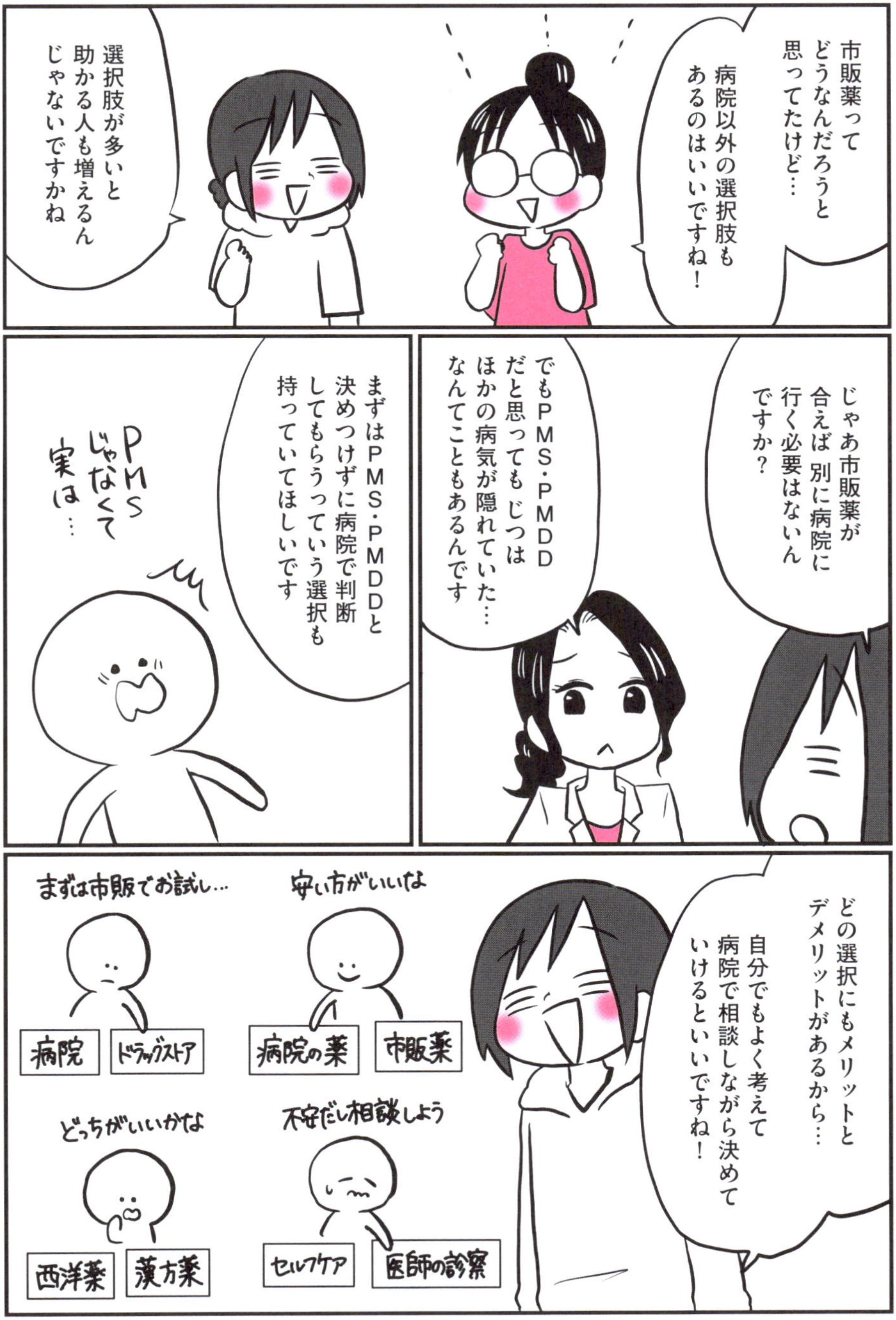
市販薬ってどうなんだろうと思ってたけど…
病院以外の選択肢もあるのはいいですね！
選択肢が多いと助かる人も増えるんじゃないですかね
じゃあ市販薬が合えば 別に病院に行く必要はないんですか？
でもPMS・PMDDだと思っても じつはほかの病気が隠れていた…なんてこともあるんです
まずはPMS・PMDDと決めつけずに病院で判断してもらうっていう選択肢も持っていてほしいです
PMSじゃなくて実は…
どの選択にもメリットとデメリットがあるから…
自分でもよく考えて病院で相談しながら決めていけるといいですね！
安い方がいいな
病院の薬
市販薬
まずは市販でお試し…
病院
ドラッグストア
不安だし相談しよう
セルフケア
医師の診察
どっちがいいかな
西洋薬
漢方薬

女性と生理は長い付き合いですもんね
ここで解説した方法が全部ではなく
婦人科では患者さん一人ひとりに合った提案が きっとできると思います
私も当時若かったので お金にはシビアで…
できるだけ安い方法が いいなって思ってました
はっ
保険適用で薬を処方してもらえるってことでしたけど…
お財布にいくら入れて行けばいいんだ…?
初診料も気になるし…
診察内容によって金額も変わってくるだろうけど…
ぶっ ぶっ ぶっ ぶっ…
通院ペースのこととかも…
気になる…!
ゴゴゴゴ
Fさんの目がお金になっちゃった!

第9話

# 一番気になる…治療にかかるお金って…？

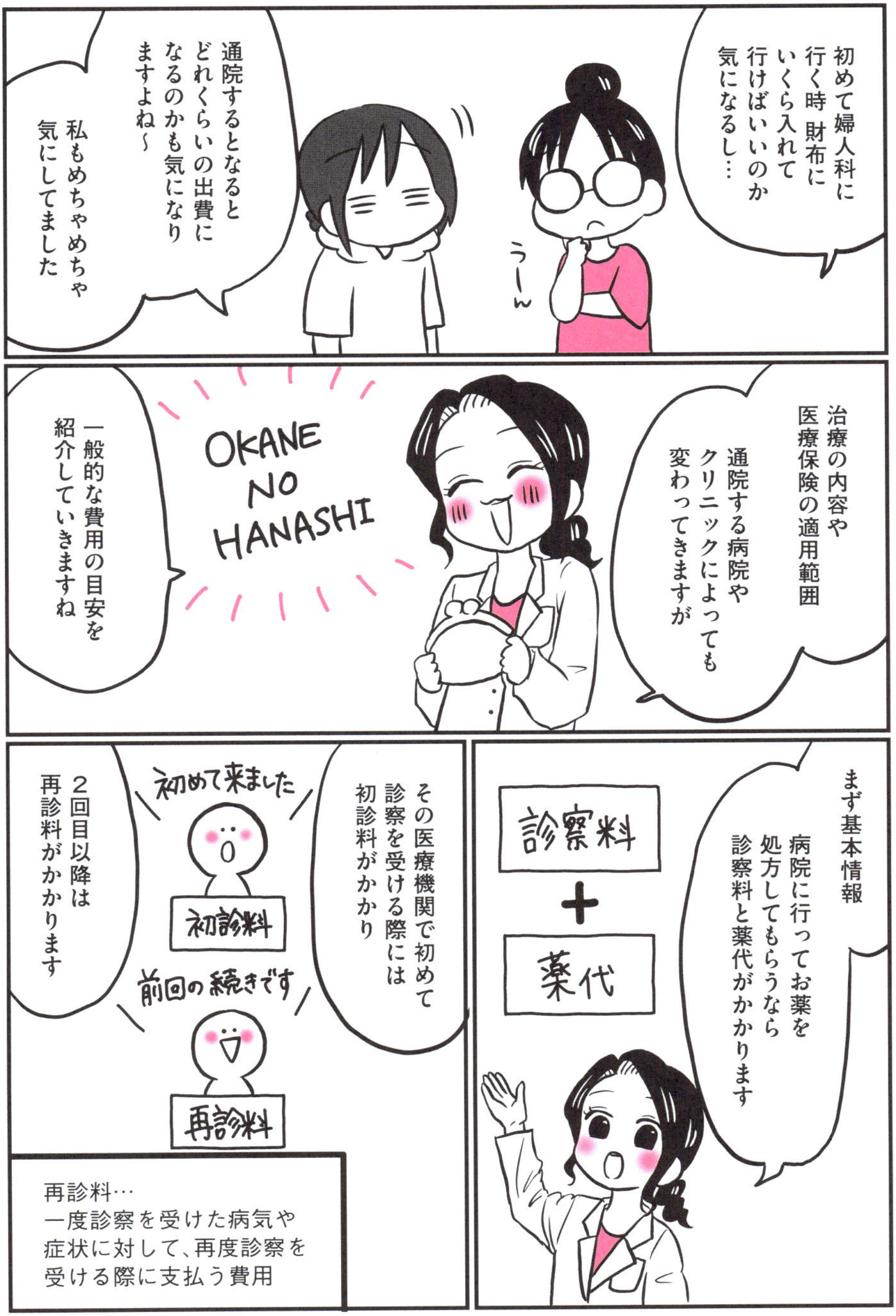

問診のみの場合もありますし血液検査や超音波検査を行うこともありますが
初診料の目安はだいたいこんな感じ
初診料
保険適用
3,000〜5,000円程度
保険外（自費診療）
5,000〜10,000円程度
再診料
保険適用
1,000〜2,000円程度
保険外（自費診療）
3,000〜5,000円程度
再診料は初診料と比べると安く設定されています
あとはこれから説明しますが薬や治療法によっても金額は変わるので 支払える金額を医師に伝えるといいです
あのぉ〜…
診察料に保険外の自費診療っていうのがあるんですけど…
一体どういう…
クリニックによっては高度な医療設備や特別なサービスを提供する自由診療をしていたりするんです
特定のケースでは保険外の自費診療が必要になることもあるのですが…
婦人科を受診したいと思っている人の中には親に知られたくないという方もいます

学生さんなどは親の扶養《ふよう》に入っていることが多く 保険証を使うと受診したことを親に知られてしまいます
氏名 金額 病院名 薬局名 診療を受けた年月
さまざまな事情で親に知られることを避けたいという場合 保険外診療をするということもあるのです
通院が続く場合は支払いも負担になってくるので考慮が必要になってきますが… 自分にとって最も安心できる方法をとることが大切です
1000
そっか…そういう選択肢もあるんですね
婦人科以外の選択肢って ないんですか?
学生さんだと 保健室や大学の学生相談センターに相談したり地域の相談所を利用するという手もありますので 1人でかかえ込まないようにしてもらいたいですね

話は少し逸れましたが…
続いては薬代です
低用量ピルも種類に
よって金額が異なりますが
だいたいこんな感じ
保険適用
1シート 1,000〜3,000円
保険外（自費診療）
1シート 3,000〜6,000円
数年前に低用量ピルの
ジェネリック医薬品も
発売されたので 1シート
1，000円以下で購入できます
※保険適用の場合
ジェネリック医薬品って 薬局とかでよく聞かれますよね
ジェネリックにされますか？
ジェネリック医薬品は特許が切れた先発薬と同じ有効成分を含んだ医薬品です
先発薬
数年後
後発薬（ジェネリック医薬品）
先発薬と同じ効果が期待できて 開発費や特許料がかからないので低価格で提供されます
だから安く買えるのか〜
ねー
オテゴロカカクダヨー
ジエノゲストと漢方薬も保険適用であれば1ヶ月あたりこれくらい
ジエノゲスト
1シート 1,000円以下
漢方薬
1ヶ月あたり
数百円〜1,500円程度

なので財布にお金を入れていくとしたら～…
お薬代を含めてこれくらいかな？
ちょっと多めに見積もってるけど
初診
5,000～15,000円程度
それ以降
3,000～10,000円程度
通院して治療法が確定するまでは気持ち多めに持って行くと安心かも
¥
ちなみにどれくらいのペースで病院に通うことになりますか？
？
初診では症状の確認や必要な検査を行い治療計画が確立するまでは2～4週間に1回
体調
効き
副作用
その際に薬の効きめや副作用の確認をします
治療法が決まって症状が安定してきたら1～3ヶ月に1回程度に通院を減らせますよ
一度に3シート処方してもらえた
くすり
病院やクリニックによっては電話診察やオンライン診療を行っている場合もあって
対面診察の回数を減らしているところもあります
基本的には1～3ヶ月の検診と症状が悪化したり不調が起きた時に行くイメージです

でも通院って大変そうですよね…お金もかかるし…
負担は確かにあるけどそれを上回るメリットを私は感じてます！
長期的に健康をサポートしてもらえるし
通い始めてもう8年!!
お世話になってる先生
プロの医師に数ヶ月に一度健康相談にのってもらうって感じで
最近むくみを感じるな…
季節的な問題もあるのかな？
気になる不調も気軽に相談できちゃいます！
じゃあ漢方出してみようか
雨の日や気圧の変動が激しい時にPMDDの時みたいなうつ症状が出ちゃうことがあって…
通ってる婦人科の先生に相談したらピルと一緒に漢方薬も処方してもらえました
通院の際に気軽に相談できるのは魅力的だな～

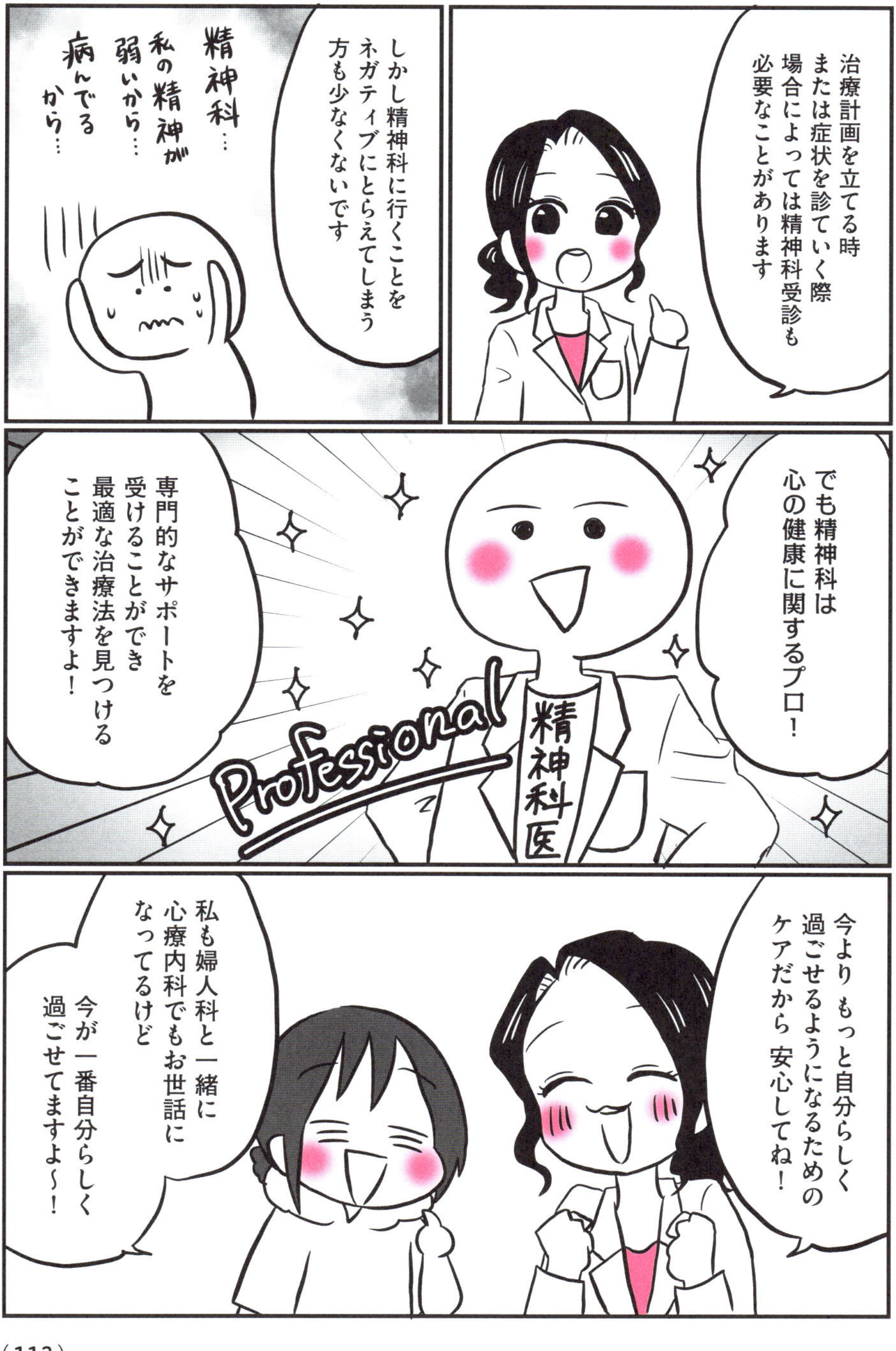

治療計画を立てる時または症状を診ていく際場合によっては精神科受診も必要なことがあります
しかし精神科に行くことをネガティブにとらえてしまう方も少なくないです
精神科…
私の精神が弱いから…
病んでるから…
でも精神科は心の健康に関するプロ！
専門的なサポートを受けることができ最適な治療法を見つけることができますよ！
Professional
精神科医
今よりもっと自分らしく過ごせるようになるためのケアだから 安心してね！
私も婦人科と一緒に心療内科でもお世話になってるけど
今が一番自分らしく過ごせてますよ〜！

そういえば！最近よくネット広告でオンラインピル処方って見るんですけど…
手軽にピルを始めよう!!
※イメージです
スマホで簡単に!
あれってぶっちゃけどうなんですか？
選択肢の一つとしてはいいと思いますよ
自宅から診察を受けられるので 忙しい人や 近くに病院がなくて困っている人にはとても便利だし
周囲に知られることなく受診できるのでプライバシーの保護という点でも安心して利用できます
処方箋もすぐに発行され郵送でピルが届くのでスピーディーですし サイトによっては定期的にピルが届くので病院の予約の取り忘れの心配もありません
ですが
デメリットもあるということを頭に入れておいてほしいです

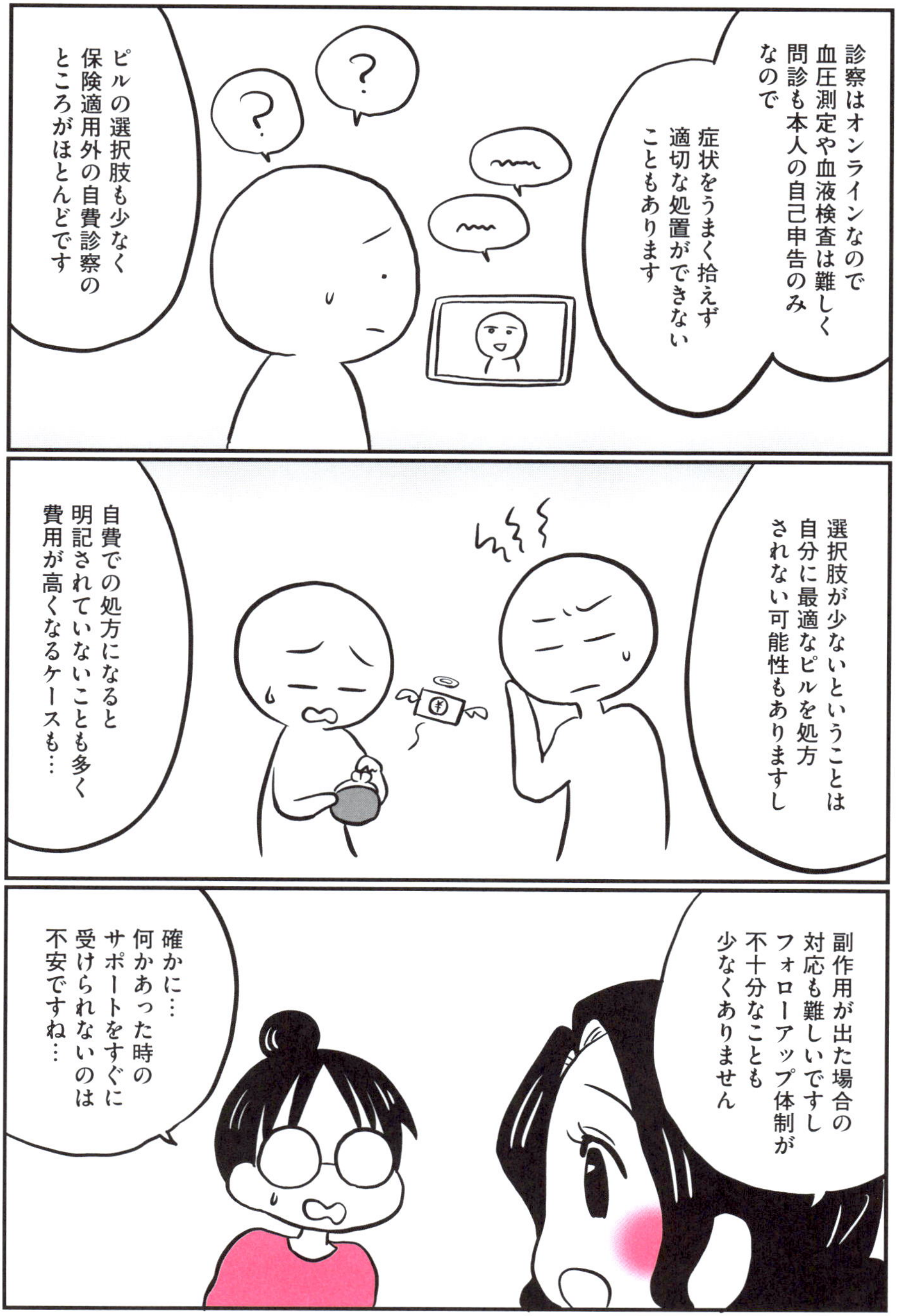
診察はオンラインなので
血圧測定や血液検査は難しく
問診も本人の自己申告のみ
なので
症状をうまく拾えず
適切な処置ができない
こともあります
ピルの選択肢も少なく
保険適用外の自費診察の
ところがほとんどです
選択肢が少ないということは
自分に最適なピルを処方
されない可能性もありますし
自費での処方になると
明記されていないことも多く
費用が高くなるケースも…
副作用が出た場合の
対応も難しいですし
フォローアップ体制が
不十分なことも
少なくありません
確かに…
何かあった時の
サポートをすぐに
受けられないのは
不安ですね…

○○クリニック
なので 初めてのピル処方なら オンラインよりも 実際に婦人科に行くほうが 良いかもしれません
利用される場合は問診の際に 基礎疾患などについての問診を しっかり行ってもらったり
不安なことは全部 聞いてみるのが いいでしょう
忙しくて病院に行けない 時にオンラインでピルを 処方してもらうだとか
病院で処方されたピルを 安定して服用できているから オンラインで定期購入するだとか
Repeat!
メリット デメリットを ふまえたうえで 上手に 利用できるといいですね！
オンラインピル処方を 利用する時に気を付ける ポイントは 何か ありますか？
信頼できるサービスか どうかってところ でしょうか
副作用が出た時の 対処法をしっかり 提案してくれるかは 確認しておきたいですね

適切な問診が行われて メリットとデメリットの 説明をしてくれるかどうかが 安心して利用できるサービスかの判断基準だと思います
メリット
デメリット
手軽
自費
自費診療になることも 多いので 使いどころも 見極めたいですよね
上手に使えば 役立つけれど 診察に限界がある…
低用量ピルのリスクも 学んだし 慎重に 選択したいな～
いろいろな選択肢がある からこそ 本人が一番 安心して利用できる ものを選べると いいですよね
PMS・PMDDを通じて 心と身体と向き合って 自分に合う選択をする
そうすることで一番 自分らしく日々を 過ごせるようになるよ！

第10話

# PMS・PMDDの人との付き合い方

この3ステップなんか
いかがでしょうか
あくまで参考にと
いった感じですが…
ステップ1　知る
ステップ2　聞く
ステップ3　提案する
おお〜
3ステップ？
ステップ1
「知る」について
どのようなことが身体の
中で起こっているのか
どれくらいの期間続いて
どんな症状が起きるのか
相手に知っていて
もらえると嬉しいですね
何も知らない状態で
PMS・PMDDの症状を
目の当たりにすると
戸惑ってしまうかも
しれませんが
不調の原因がわかっていれば
対応しやすくなるんじゃ
ないかと思います
確かに私も今回の解説を
聞く前と聞いたあとでは
解釈の仕方が変わりました
知識は 時に
大切な人を守る
盾になりますからね
知識

ネットやSNSを活用すればさまざまな情報を得ることができますし…
生理前モンスター
もちろん本書でもPMS・PMDDのことが1冊で丸わかりです!
唐突な宣伝!
ステップ2「聞く」について
ステップ1の「知る」で十分な知識があると聞く側も話が頭に入りやすいと思いますよ
情報
Input!!
知識
話を聞いて共感してもらえるとすごく心強いです…
話を聞いてもらうことは信頼関係にもつながってきますよね
相手が話を聞いてほしいかどうかも気にしたいですね
確かに1人になりたい時に聞き出すのも良くないですね…

それに PMS・PMDDの症状は人によってさまざまなので
話を聞くことで相手がどんな状態になりやすいのか把握することができますよ
先のばし
イライラ
飲酒
失言
これまでの解説で聞いた話以外でも別の症状や状態があるんですか？
例えば私の場合…
生理前は判断力が低下するのもあって買い物に行くと無意識に物を多く買ってしまうんです…
あれもこれも…
帰宅後
ごっちゃり
なぜこうなった…
爆買いしちゃうってことですか!?
生理前に爆食いしちゃう人もいますけど私の場合は爆買いでした…
まぁ全部食品なので結局食べるんですけど…
どういった形で症状が出るのかは人それぞれですね

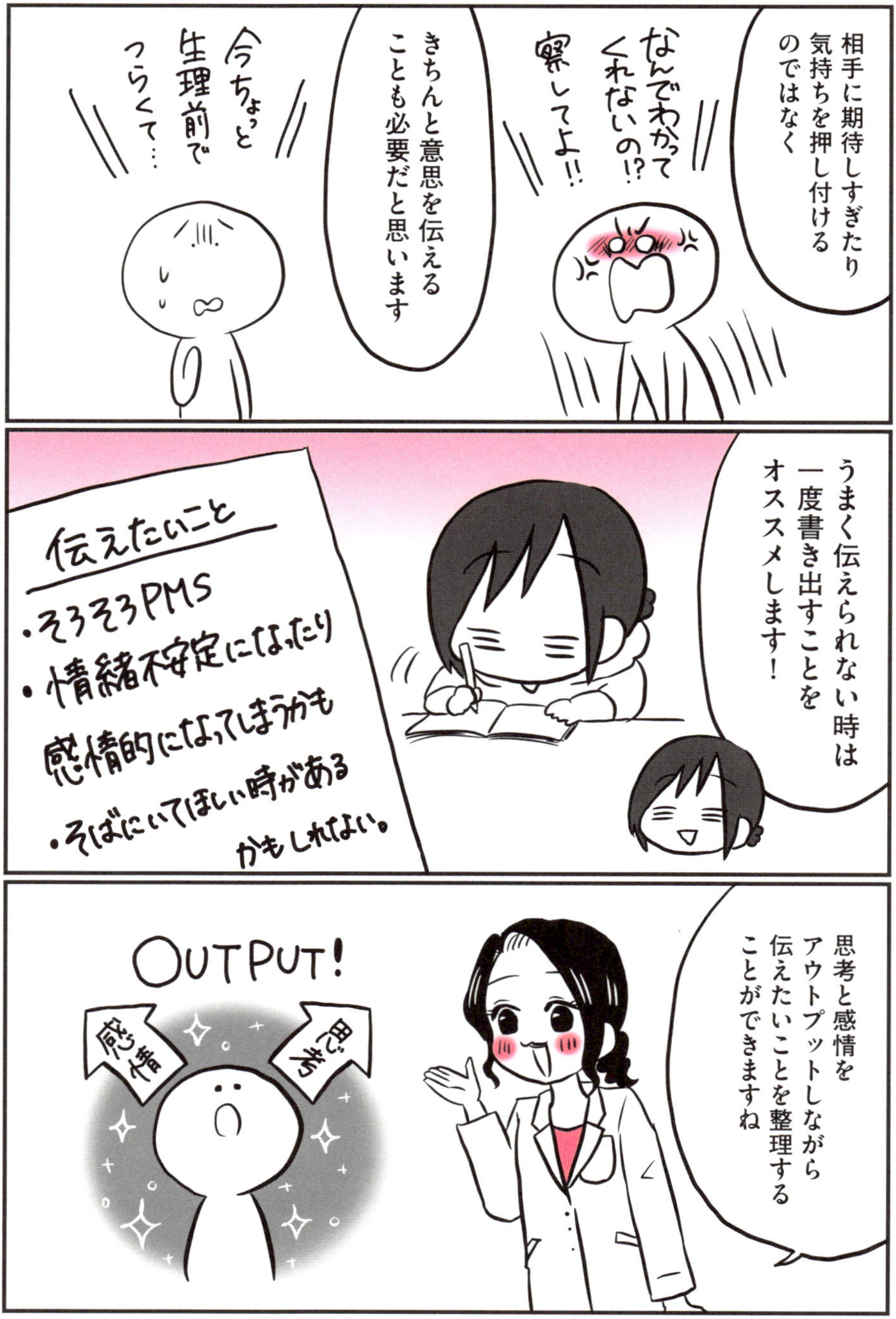

相手に期待しすぎたり気持ちを押し付けるのではなく
なんでわかってくれないの!? 察してよ!!
きちんと意思を伝えることも必要だと思います
今ちょっと生理前でつらくて…
うまく伝えられない時は一度書き出すことをオススメします!
伝えたいこと
・そろそろPMS
・情緒不安定になったり感情的になってしまうかも
・そばにいてほしい時があるかもしれない。
思考と感情をアウトプットしながら伝えたいことを整理することができますね
OUTPUT!
感情
思考

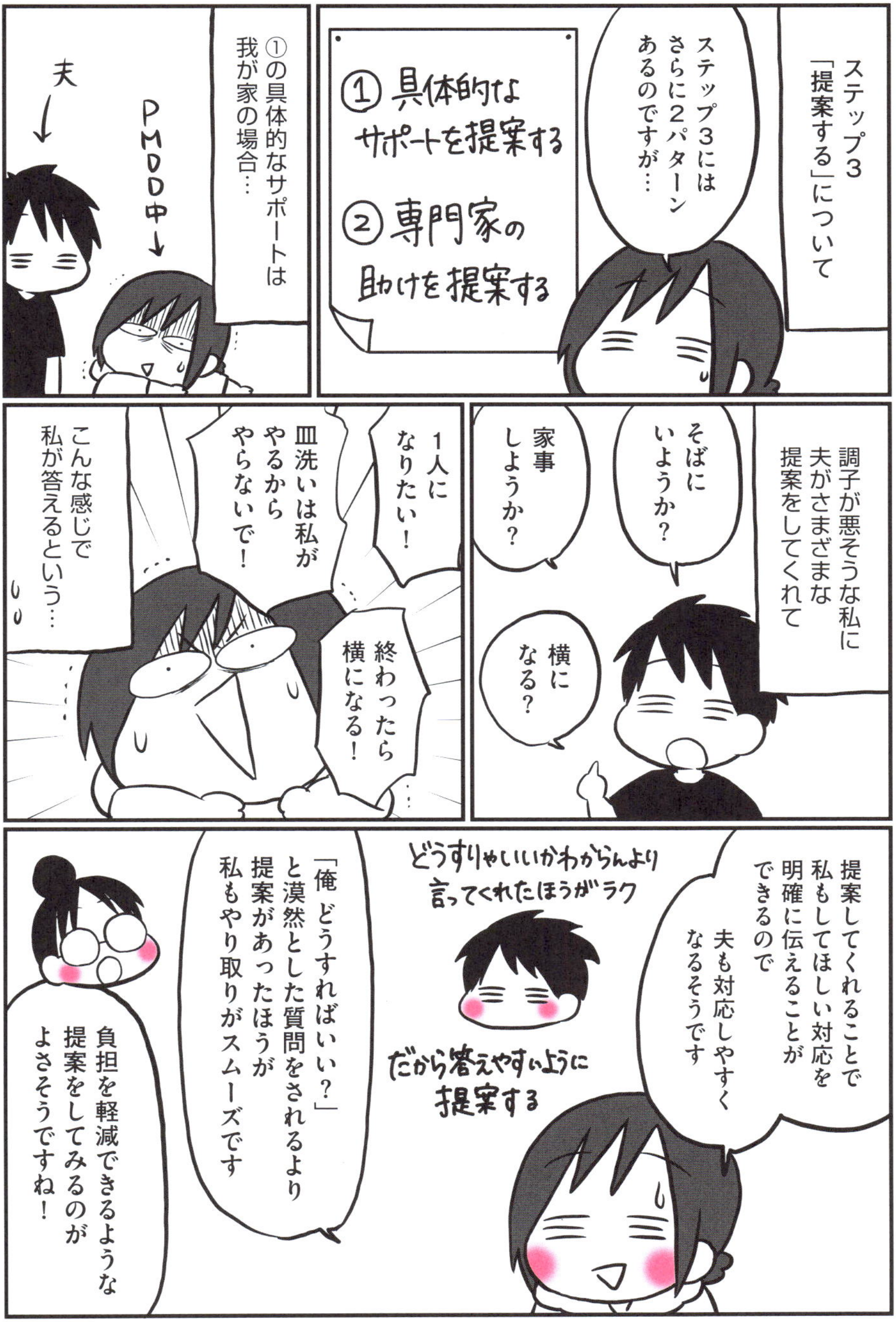
ステップ3「提案する」について
ステップ3にはさらに2パターンあるのですが…
① 具体的なサポートを提案する
② 専門家の助けを提案する
①の具体的なサポートは我が家の場合…
PMDD中↓
夫↓
調子が悪そうな私に夫がさまざまな提案をしてくれて
そばにいようか?
家事しようか?
横になる?
1人になりたい!
皿洗いは私がやるからやらないで!
終わったら横になる!
こんな感じで私が答えるという…
提案してくれることで私もしてほしい対応を明確に伝えることができるので
夫も対応しやすくなるそうです
どうすりゃいいかわからんより言ってくれたほうがラク
だから答えやすいように提案する
「俺 どうすればいい?」と漠然とした質問をされるより提案があったほうが私もやり取りがスムーズです
負担を軽減できるような提案をしてみるのがよさそうですね!

②は専門家の助けを提案する です
深刻な状況であれば 医師やカウンセラーなどの専門家の助けを促すことも必要になってきますね
ただ…タイミングには注意が必要です…
というのも私がまだ病院に行ってなかったころ…
ギィエェェェェ
PMDDでヒステリックになっている私を見て病院を提案してくれたのですが
やばいよ？病院行ったら？
非難されていると感じてしまい手に負えない状態に…
そうやって私のこと邪魔者扱いしやがってェェェ
症状が強く出てしまっている時よりも 生理後の落ち着いた時に話すほうがいいかもしれないですね
大変だったね
またつらくなりそうなら病院に行って相談するのはどう？

申し訳ない…

ステップ1と2をとばして いきなり「提案する」を してしまうと
相手との信頼関係が築けず 効果的なサポートができなく なってしまうかもしれません
ステップ1 知る
ステップ2 聞く
ぽいっ
病院 行ったら？
お互い気持ちの整理が できていない段階で 提案をされてしまうと
マイナスにとらえてしまう 可能性もありますね
私はなんて…
無力な人間 なんだ…
そうなると 悪循環ですね
でもホルモンが 原因とはいえ
サポートしてくれる人を 振り回すのも 私は 適切ではないと思うんです

生理を経験することがない
男性は 特に理解するのは
なかなか難しいですよね…
同じ女性でも
共感が得られないことも
あるだろうし…
生理のこととか
よくわかんないん
だけど…気持ちの
問題じゃない?
女はみんな
一緒だよ、
生理のせいに
しないでっ
理解が得られず
困っている人は どうすれば
いいんでしょうか…?
男性でも女性でも
自分が経験していない
ことを理解するのは
難しいですもんね
私も最初はなかなか
夫から理解を得られず
喧嘩も多かったです
なので 体調のいい時に
これが医学的に認められた
症状だということを
論理的に解説しました
男性ホルモンを
コントロールして
ヒゲを生やさなく
するとかできない
のと一緒だよ
知らなかったから
理解できなかっただけで
解説後は
気持ちの問題では
ないということを
わかってくれました
ホルモン…
排卵…

やっぱり説明することは大切なんですね！
私はこれでうまくいきましたが…
説明をしても親やパートナーに理解してもらえず困っている人も少なくないようです
そうなの!?
理由はさまざまだと思いますが…
PMS・PMDDと真剣に向き合うのを負担に感じるということもあるかと…
またかよ～ そうやっていつもホルモンのせいにして…
周りに見られたらどうするのよ はずかしくて外歩けないでしょ
医療への不信感や精神的な治療への偏見もあるかもしれませんね
低用量ピルでいうと副作用でボロボロになると思っている人もいます
不妊症になってしまうのではないか
薬物依存になってしまうのではないか
そういった悪いイメージが染みついていることもあります
目に見えないホルモンの変動が原因だからこそ「甘え」とみなされ
自己解決できないのは女性特有のわがままだと片付けられることも…

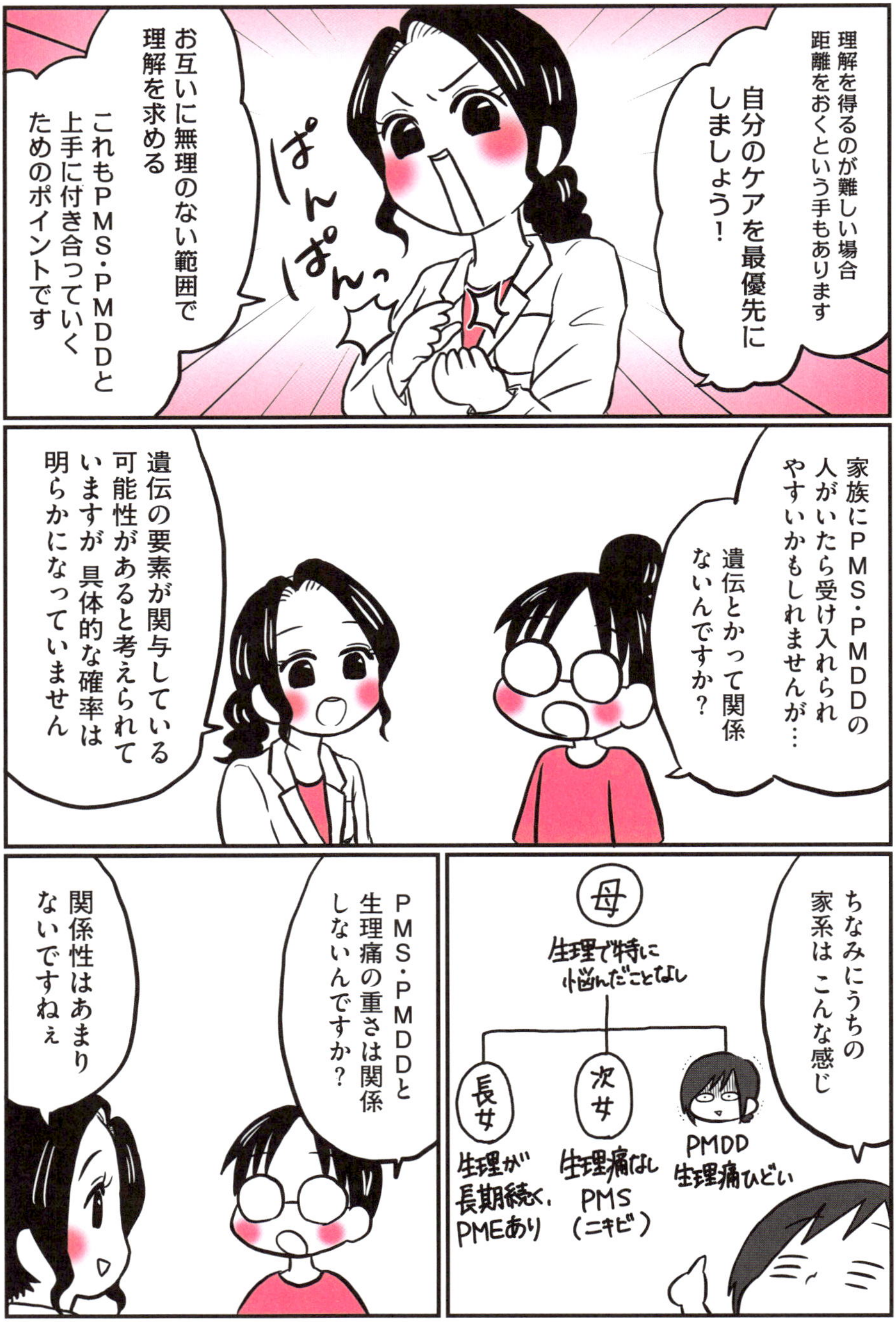

理解を得るのが難しい場合距離をおくという手もあります
自分のケアを最優先にしましょう！
ぱんぱんっ
お互いに無理のない範囲で理解を求める
これもPMS・PMDDと上手に付き合っていくためのポイントです
家族にPMS・PMDDの人がいたら受け入れられやすいかもしれませんが…
遺伝とかって関係ないんですか？
遺伝の要素が関与していると考えられていますが 具体的な確率は明らかになっていません
ちなみにうちの家系は こんな感じ
母
生理で特に悩んだことなし
長女
生理が長期続く、PMEあり
次女
生理痛なし PMS（ニキビ）
PMDD 生理痛ひどい
PMS・PMDDと生理痛の重さは関係しないんですか？
関係性はあまりないですねぇ

ですが ホルモンバランスが しっかり整っていて 生理周期が安定している 人のほうが 症状が出やすい 傾向はあります
個人差はありますが
だいたい いつも同じ 周期で生理が来ます
PMS・PMDD傾向あり
生理が来るタイミングは いつもバラバラです
PMS・PMDD起こりにくい
え!?
生理周期が不規則で ホルモンバランスが 不安定な人は ホルモンの 変動も少ないことがあり
症状を引き起こす きっかけも少ないのです
ホルモンバランス安定
わー
わー
ホルモンバランス不安定
…
私も気になってSNSで アンケートを取ったら PMS・PMDDの症状と 生理痛の重さは関係 なさそうでした
生理痛○ PMS・PMDD○ 生理痛あるしPMS・PMDDつらい
生理痛○ PMS・PMDD×
生理痛× PMS・PMDD○ 生理痛軽いけどPMS・PMDDつらい
生理痛× PMS・PMDD×
※なおたろー調べ※
私も関係 あるかと思った
何年も生理を 経験してるのに 知らないこと ばかりだ…

PMS・PMDD

教えて！
高橋先生

# 相性が良くないお医者さんに当たったら？

**なおたろー**

婦人科のお医者さんの中でも、PMS・PMDDに理解のないお医者さんがいたり、期待していた対応が行われなかったということもありますか？

**高橋先生**

私の場合は、診察内容のことも診察台のことも、気になることはなんでも聞いてほしいと思っているけれど、医師に限らずいろんな人がいます。
自分と合わない人もいるでしょうし、PMSやPMDDのような症状は見た目ではわかりにくく、症状の理解が進んでいない医師や、症状を軽視する医師に出会ってしまうということも可能性としてあります。

**なおたろー**

体調が悪い時にそういうお医者さんに当たってしまったら、よけい落ち込んでしまいそうですね…！

**高橋先生**

そういった意味でも、自分の健康が万全な時に受診するほうがいいかもしれません。あとは事前に病院のサイトを確認してみたり、電話で問い合わせてみるのもいいです。一つの病院が自分に合わなくても、自分が納得できる医師はきっと見つかるはずなので、あきらめないでほしいなと思います。

## 第11話

# 生理前モンスターも「私」だから

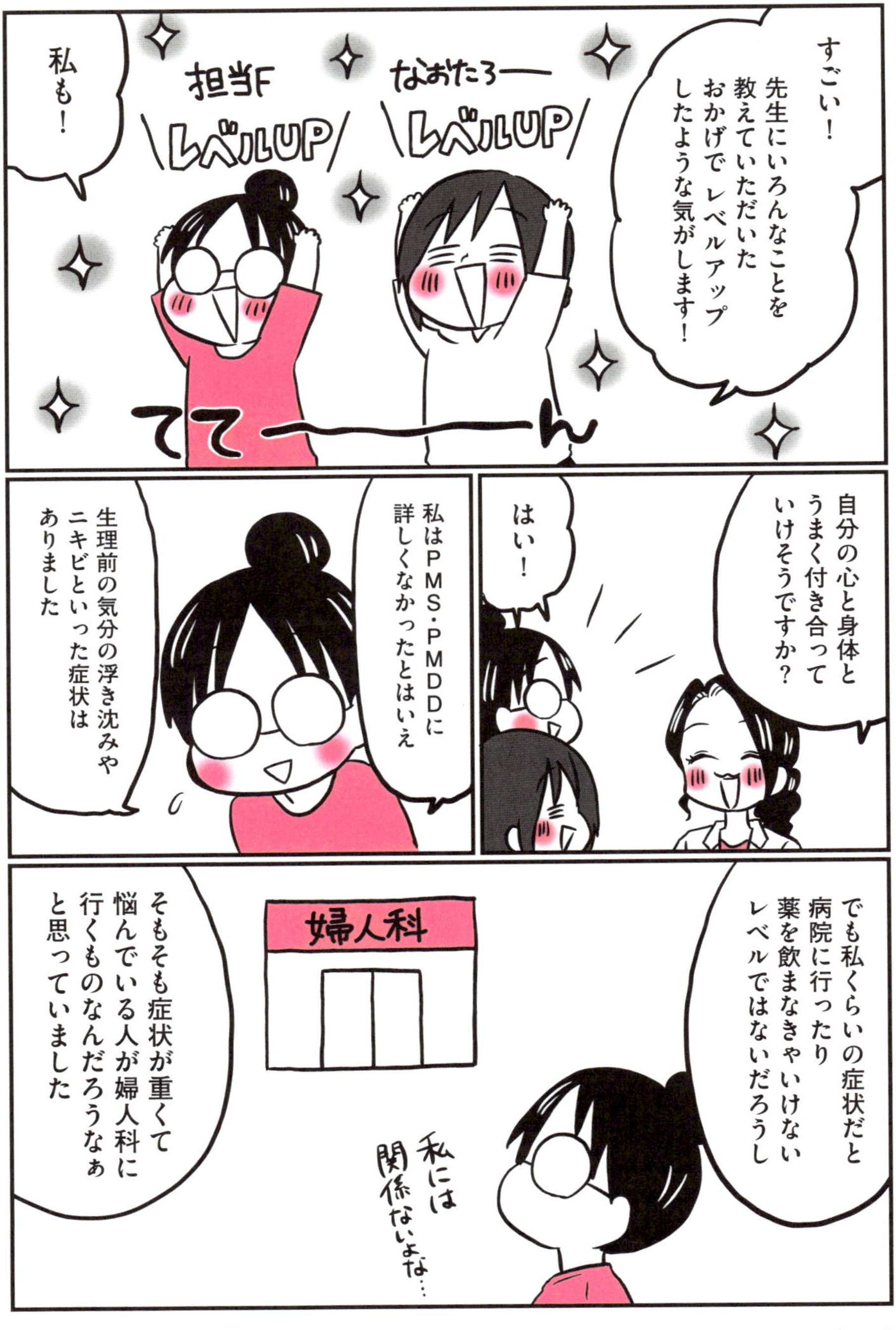

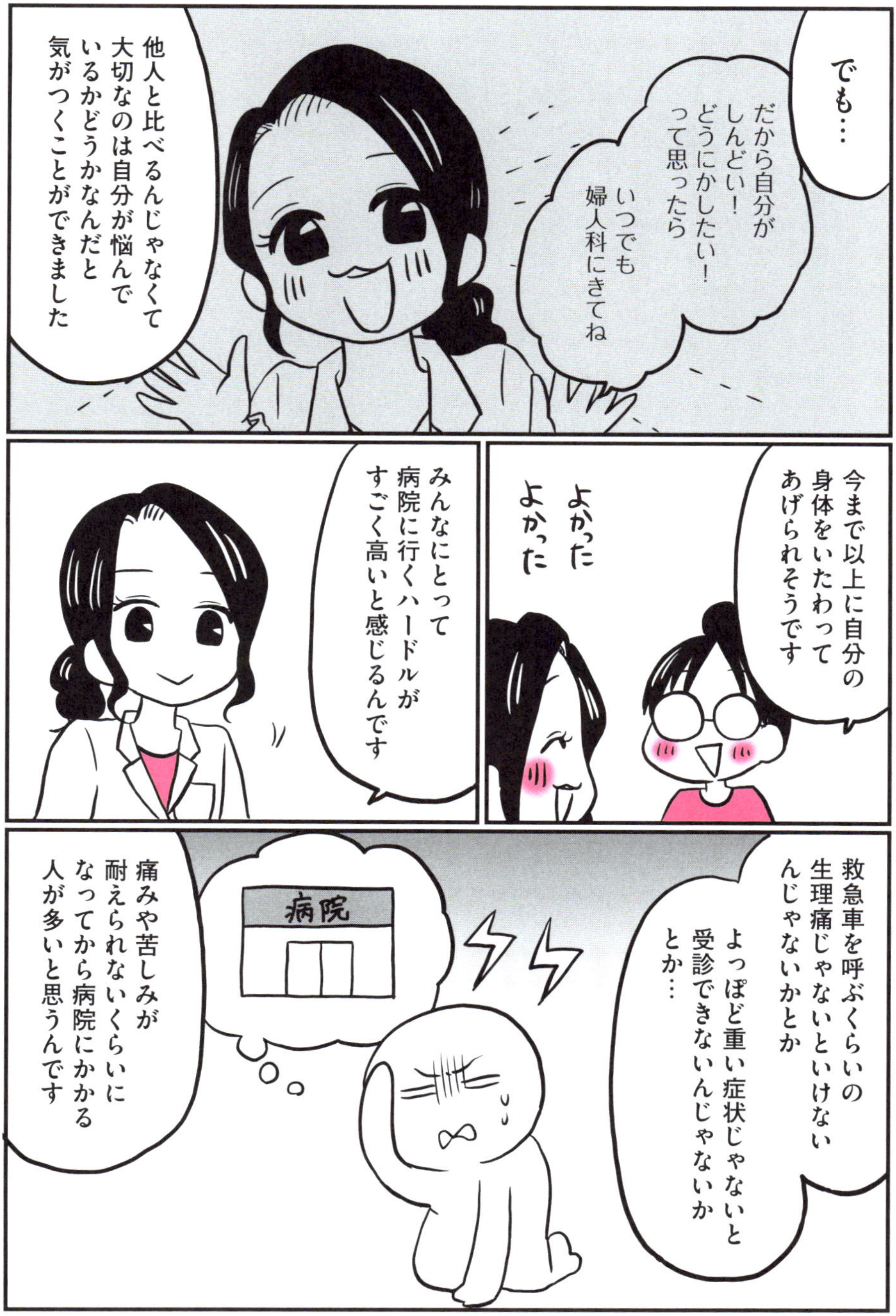
でも…
だから自分がしんどい！どうにかしたい！って思ったら
いつでも婦人科にきてね
他人と比べるんじゃなくて大切なのは自分が悩んでいるかどうかなんだと気がつくことができました
今まで以上に自分の身体をいたわってあげられそうです
よかったよかった
みんなにとって病院に行くハードルがすごく高いと感じるんです
救急車を呼ぶくらいの生理痛じゃないといけないんじゃないかとか
よっぽど重い症状じゃないと受診できないんじゃないかとか…
病院
痛みや苦しみが耐えられないくらいになってから病院にかかる人が多いと思うんです

もちろん自分が困っていたら診察を受けてほしいんですけど…
生理によって仕事や勉強日常のパフォーマンスが落ちている人も
プラスの状態にするために医療を頼ってもらってでもいいんだって伝えたいです
具合が悪いから診てもらいたいです…
それでも もちろんいいんですけど
もっと日常生活を良くできる方法ってないですか?
っていう聞き方でも私は良いと思うんです
自分の人生がより輝く選択をしてほしいし
私も医師として患者さんに合う提案をこれからもしていきたいと思っています

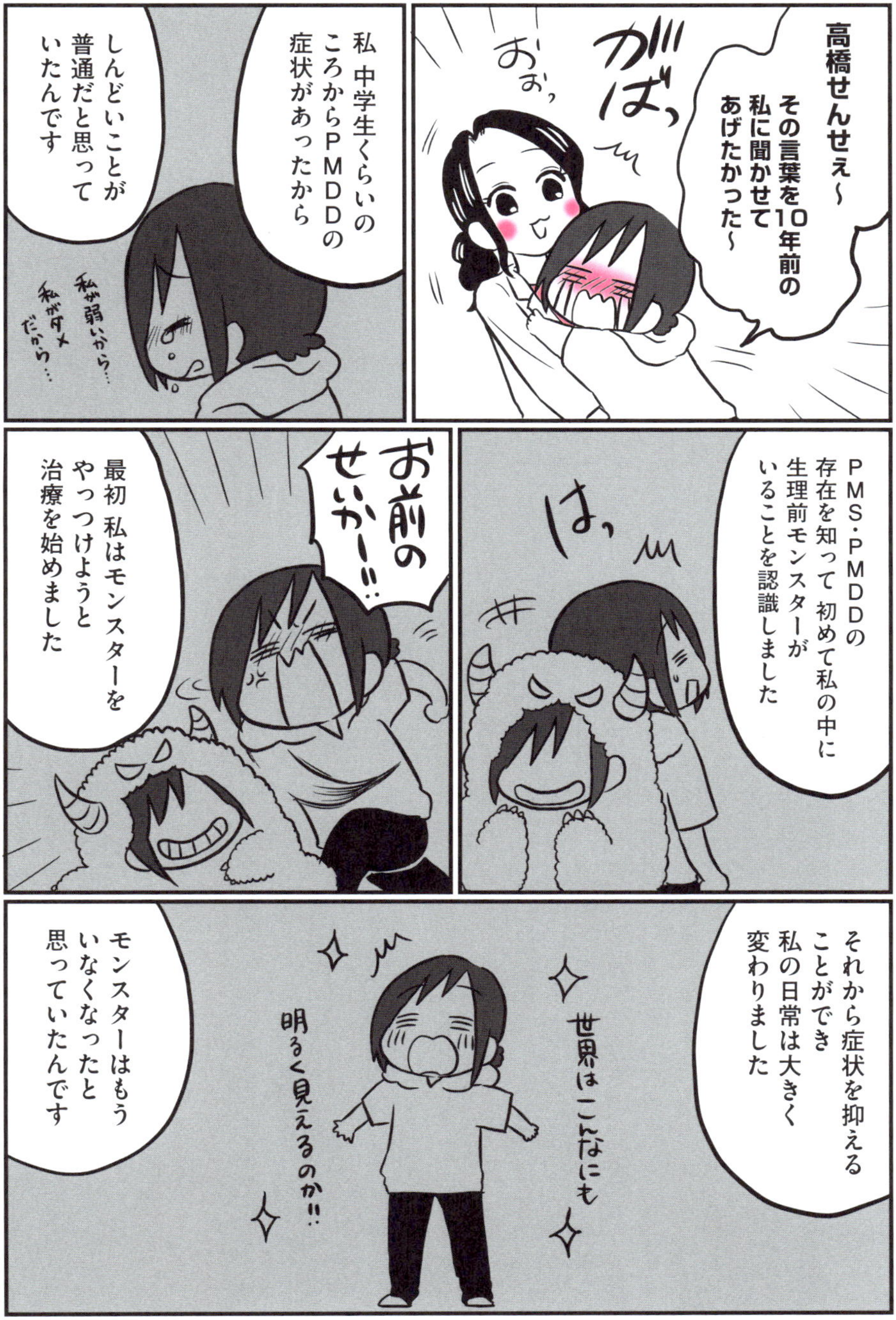
高橋せんせぇ〜
その言葉を10年前の私に聞かせてあげたかった〜
がばっ
おぉっ
私 中学生くらいのころからPMDDの症状があったから
しんどいことが普通だと思っていたんです
私が弱いから…
私がダメだから…
PMS・PMDDの存在を知って 初めて私の中に生理前モンスターがいることを認識しました
はっ
お前のせいかー!!
最初 私はモンスターをやっつけようと治療を始めました
それから症状を抑えることができ私の日常は大きく変わりました
世界はこんなにも
明るく見えるのか!!
モンスターはもういなくなったと思っていたんです

でも 薬を飲み続けないと 効果は続かない
私の場合 休薬の時は 油断するとモンスターが また現れる
お前ー！ もうええやろーー！
しんどいんじゃ！
お前のせいで私は ずっと苦しいんじゃ！
女性ホルモンの変動だか なんだか知らないけど…！
お前なんか…
お前なんか…！

そっか…
モンスターも…
私なんだよね…
私が一番向き合ってあげなきゃいけないんだよね
私もモンスターも
上手に付き合ってなんとか一緒に生きていこう

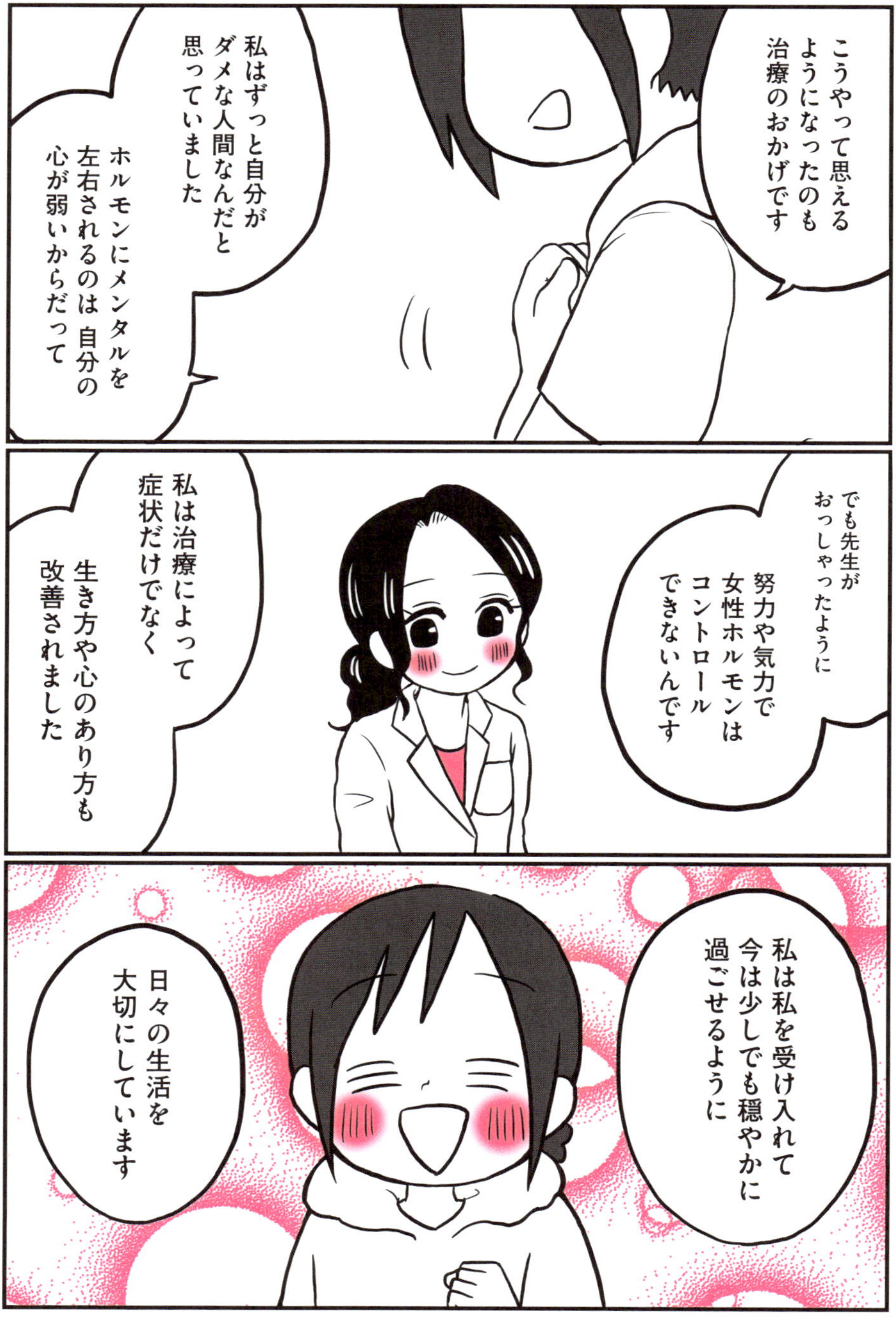
こうやって思えるようになったのも治療のおかげです
私はずっと自分がダメな人間なんだと思っていました
ホルモンにメンタルを左右されるのは 自分の心が弱いからだって
でも先生がおっしゃったように
努力や気力で女性ホルモンはコントロールできないんです
私は治療によって症状だけでなく
生き方や心のあり方も改善されました
私は私を受け入れて今は少しでも穏やかに過ごせるように
日々の生活を大切にしています

ここまでの解説で PMS・PMDDの 向き合い方や治療法を 紹介してきましたが
いかがでした でしょうか？
PMS・PMDDに 悩んでいる人は 自分に自信がなかったり
自分をたくさん責めて しまっていると思います
でも心と身体に向き合ったり 自分に合う対処法を 見つけていくことで
きっと自分のモンスター との上手な付き合い方が 見つかるはずですよ

！
私には私のモンスター…
一緒に頑張って過ごしていこうね
私が低用量ピルを飲み始めて数年のあいだにもたくさんの医療の進歩があったし
新しい情報もどんどん出てきていることを今回実感しました
月経のある女性の7～8割はPMSの症状があると言われているのなら
もっとたくさんの人に共有されてもいい情報なんじゃないかと思います

あなたの心と身体の声に耳を傾けてください
きっとあなたに合う改善方法は見つかるはずです
あなたの生きる日常を　あきらめないで!!

# あとがき

ここまで読んでいただき、ありがとうございます！2019年、ブログに体験談漫画を連載した時、想像以上の反響をいただきました。作中にもありましたが、私は中学生の頃からPMDDの症状があり、もっと早くPMSやPMDDのことを知ることができていれば…と、とても後悔しています。これ以上、私のようなツラい思いをする人を増やしたくないという想いで、この書籍の執筆に挑みました。しかし私が企画スタートのタイミングで入院したり…もうだめだ〜とネガティブになったり、締切ギリギリまでネームを練っていたので、担当Fさんをヒヤヒヤさせてしまったかと思います…。誰かの助けになるためにこの漫画を描いていたのに、原稿が仕上がった後、過去の私が救われたような気持ちになり、涙が出そうになりました…。

ここまで頑張ることができたのは、応援してくださった読者さんたちのおかげです！

本当にありがとうございました！！

なおたろー

なおたろ

## 【参考文献】


公益社団法人　日本産科婦人科学会（2018）
「月経前症候群（premenstrual syndrome : PMS）」
公益社団法人　日本産科婦人科学会
https://www.jsog.or.jp/citizen/5716/（参照 2024-07-01）

国立医薬品食品衛生研究所 安全情報部（2012）
「Drospirenone 含有避妊薬：血栓リスクに関する最新情報」
医薬品安全性情報 Vol.10 No.11（2012/05/24）
https://www.nihs.go.jp/dig/sireport/weekly10/11120524.pdf
（参照 2024-07-01）

# 生《せい》理《り》前《まえ》モンスターだった私《わたし》が
# 産《さん》婦《ふ》人《じん》科《か》医《い》に聞《き》く
# PMS・PMDD攻《こう》略《りゃく》法《ほう》

2024年11月5日　初版発行

著者
なおたろー

監修
高《たか》橋《はし》 怜《れ》奈《な》

発行者
山下 直久

発行　株式会社KADOKAWA
〒102-8177　東京都千代田区富士見2-13-3
電話 0570-002-301（ナビダイヤル）

印刷所
TOPPANクロレ株式会社



●お問い合わせ
https://www.kadokawa.co.jp/（「お問い合わせ」へお進みください）
※内容によっては、お答えできない場合があります。
※サポートは日本国内のみとさせていただきます。
※Japanese text only

定価はカバーに表示してあります。


ISBN 978-4-04-684116-2　C0095

PMS·PMDD